AF250155

HENRY SPONT

Psychologie
de la
Guerre

———— ❋ ————

Librairie académique PERRIN et Cⁱᵉ

LIBRAIRIE ACADÉMIQUE PERRIN ET Cⁱᵉ

Dernières Publications parues

MONT (Jules). — **L'Allemagne et la Paix.** La lutte contre les conséquences de sa défaite. 1 vol. in-16.

FINZI (G.). Giacomo Léopardi. Sa vie, son œuvre, traduits de l'Italien
par M. Thiérard-Baudrillart. 1 vol in-16.

SCHURÉ (Edouard). — **Les Prophetes de la Renaissance.** Dante,
Léonard de Vinci, Raphaël, Michel-Ange, Le Corrège. 1 vol. in-16.

SARRAZIN (Gabriel). — **Les grands poëtes romantiques de la Pologne**
Mickiewicz, Slowacki, Krasinski. 1 vol. in-16

THOMAS (Louis). — **Les États Unis inconnus.** Développement et
Prospérité des États-Unis, Fer, Acier, Coton, Industries chimiques, etc.
1 vol. in-16.

GANGES (G. de). — **L'Insaisissable Amour.** Roman. 1 vol. in-16.

EYMIEU (Antonin). — **La Part des Croyants** dans les progrès de la
science au XIXᵉ siècle. *1ʳᵉ Partie.* 1 vol. in-16.

KIMPFLIN (Georges). — **Le Premier Souffle.** Un fantassin sur la trouée
de Charmes (Août-Septembre 1914) Préface de Maurice Barrès, de
l'Académie française. 1 vol. in-16.

JENSEN (J. V.) — **Madame d'Ora.** Roman traduit du danois par
T. de Wyzewa, 1 vol. in-16.

LAUKHARD (F. C.) — **Un Allemand en France** sous la Terreur 1792-
1794) traduit et précédé d'une introduction par W. Bauer. Préface de
T. de Wyzewa. 1 vol. in-8° écu.

BESSIÈRES (Albert). Cavaliers de France. La Cavalerie dans la bataille
de Noyon. Dans la deuxième Marne. Dans la bataille de Champagne.
Dans la poursuite et l'occupation. Préface du général Cherfils,
1 vol. in-16.

BELLESSORT)André). — **Virgile,** son œuvre et son temps. 1 vol in-16.

LAVEDAN (Henri). — **Les Grandes Heures.** 5ᵉ Série. (5 Janvier 1918-
21 Septembre 1918) 1 vol. in-16.

ALLOU (Yvonne) — **La Paroi d'Écume.** Sonnets; précédés d'une lettre de
Edmond Rostand, de l'Académie française. 1 vol. in-16.

GOUTEL (Hennet de). — **Le Général Cassan et la défense de Pampelune.**
25 Juin-31 Octobre 1813 d'après des documents inédits et les archives
lu Ministère de la Guerre. 1 vol. in-16.

LECLERCQ (Jules). — **La Fronde de David.** Lettre. Préface de Henry
Carton de Wiart. 1 vol. in-16.

GOYAU (Georges). — **L'Église libre dans l'Europe libre.** 1 vol. in-16

Paris. — Imp. Henri Diéval, rue de Seine, 57.

PSYCHOLOGIE DE LA GUERRE

DU MÊME AUTEUR

Les Pyrénées. Les stations pyrénéennes. La
vie en haute montagne. 1 volume in-16 illustré.
Librairie académique, Perrin.
Sur la montagne (Les Pyrénées). 1 volume
in-8° illustré. Plon-Nourrit, éditeur.

Petite collection pyrénéenne illustrée.

Luchon : Reine des Pyrénées . . . . 2 »
Luchon : Le cirque du Lis. . . . . 2 »
Luchon médical et touristique . . . . . . 2 »
Superbagnères. . . . . 2 »
Superbagnères (traduction anglaise). . . . . 2 »
Souvenir-Guide of Luchon . . . . 2 »
Souvenir-Guide of Cauterets . . . . 2 »
Font-Romeu . . . . 2 »

En collaboration avec la doctoresse Spont-Volovatz.

La Femme et la Guerre. 1 volume in-16.
Librairie académique, Perrin.
La Femme dans la France de demain.
1 volume in-16. Jouve et Cⁱᵉ, éditeurs 4.50

En préparation :

Les Sports aux Pyrénées.
La Crise du mariage et la dépopulation.

HENRY SPONT

PSYCHOLOGIE DE LA GUERRE

PARIS

LIBRAIRIE ACADÉMIQUE

PERRIN ET Cⁱᵉ, LIBRAIRES-ÉDITEURS

35, QUAI DES GRANDS-AUGUSTINS, 35

1920

A la mémoire

de

tous ceux qui sont morts

pour

sauver la Civilisation.

H. S.

INTRODUCTION

Avant d'entrer dans le vif de ce sujet : La Psychologie de la Guerre, qu'il me soit permis d'adresser publiquement l'expression de ma gratitude et de mon admiration à la doctoresse Spont-Volovatz, ma femme, qui, par sa collaboration de tous les instants, m'a aidé à mener jusqu'au bout une étude aussi complexe, dont elle m'a suggéré l'idée et fourni le plan.

Ceci dit, il convient de renseigner exactement le lecteur sur l'objet de ce livre.

*
* *

Tout d'abord, nous avons voulu examiner la guerre à un point de vue purement psychique, en laissant de côté toute considération d'ordre technique excédant notre compétence. De plus, afin de conserver à notre jugement la liberté absolue, condition essentielle de toute analyse sérieuse, nous avons pris soin de ne citer aucun nom, aucune date de nature à localiser, donc à rétrécir le problème.

Tout écrivain a l'obligation sacrée de mettre sa plume au service de l'humanité chaque fois qu'il croit être en état de projeter un rayon de lumière sur une question d'ordre social ou moral, et d'atténuer ainsi les ténèbres qui les obscurcissent.

La guerre appartient à l'ordre moral.
Elle doit donc, par cela même, se prêter à
l'analyse de tout esprit indépendant. Et si
vous considérez qu'elle est un acte barbare,
tendant à la destruction de la matière destinée par la nature à vivre, et que tout
être civilisé en ressent directement ou
indirectement le contre-coup, vous con-
clurez que ce droit d'examen devient,
pour chacun de nous, un véritable devoir.
N'est-ce pas, en effet, une question de vie
ou de mort ?

*
* *

La vie!. Nous ne passons sur cette
terre qu'un temps bien court. A peine
sommes-nous arrivés à comprendre réellement la vie, que déjà la vieillesse nous en

mesure la jouissance, en attendant que la mort nous l'arrache. Car si les progrès de la science nous placent dans des conditions de plus en plus avantageuses, ils n'ont pas sensiblement reculé l'heure fatale de l'adieu.

Nous savons cela. Cette sombre perspective devrait, semble-t-il, nous arrêter dans nos élans à grande portée qui font audacieusement appel à la collaboration d'un avenir bien fragile, hélas! Dès l'instant qu'il nous faudra tôt ou tard abandonner la scène du monde, et reposer sous cette terre qui recouvre indistinctement le riche et le pauvre, pourquoi nous épuiser à la préparation d'un lendemain qui ne nous appartient pas? Et ne serait-il pas plus sage de nous borner aux entreprises adaptées à la longueur présumée d'une existence humaine, et de n'en rien attendre qu'une satisfaction immédiate ?

Certes. Mais le désir inné de l'homme, l'instinct fondamental qui animé et dirige ses pensées et ses actes, c'est de se survivre. C'est pour réaliser cette aspiration si noble qu'il travaille, qu'il peine, qu'il sacrifie les plus belles années de sa vie si brève, et c'est la satisfaction d'avoir approché cet idéal qui, après l'avoir soutenu dans la lutte, le console au moment de disparaître.

L'homme n'est pas, par sa nature, un destructeur. Il est au contraire un créateur, le vrai créateur. Par ses enfants, qu'il n'aura pas toujours la joie de suivre jusqu'à la fin de leur évolution, par ses entreprises vouées à toutes les incertitudes de l'avenir, par ses œuvres que la postérité

ne retiendra peut-être pas, il veut se prolonger, laisser une famille, un nom, un
souvenir, une trace. Il ne peut pas admettre l'idée que tout sera fini, avec lui.

Comment donc resterions-nous indiffé-
rents devant l'acte monstrueux par excellence qui détruit pour détruire, anéantis-
sant en quelques jours, en quelques heures
des siècles de travail et d'efforts, qui pul-
vérise le passé dans les édifices, appauvrit
l'avenir dans les hommes, qui brise le fruit
d'hier et la graine de demain?

*
* *

Ce n'est pas la première fois que les
humains ont recours à la force des armes
pour vider leurs querelles. Bien des guerres

ont ensanglanté le monde mais nous n'en connaissons que le côté brillant, pompeux, anecdotique. Ces épopées rudes ou galantes, dues généralement à l'ambition effrénée d'un roi, à la maladresse d'un diplomate, au caprice d'une favorite, nous apparaissent comme une série d'épisodes sensationnels, de batailles « rangées » commencées le matin, terminées le soir dans l'apothéose d'un beau soleil couchant. Les poètes, après les peintres, ont célébré la gloire de ces combats, entretenant ainsi une atmossphère surhumaine autour de ces carnages dont nul n'a montré les réalités.

Nous savons maintenant, hélas ! ce qu'est cette chose affreuse, et il semble que les jours, à mesure qu'ils nous en éloignent, nous en font sentir plus durement les conséquences.

Cette guerre ne fut pas, comme tant d'autres, une aventure de quelques semaines, de quelques mois, rondement menée, et qui se chiffre par la perte de quelques milliers d'hommes ou l'acquisition de quelques parcelles de terrain. Ce fut plus qu'une lutte entre deux peuples ou entre deux groupes de peuples, ce fut la rencontre décisive entre deux cultures, deux morales, deux civilisations. Les répercussions en demeurent si profondes qu'elles atteignent au-delà des mers les continents lointains dont elles ont paralysé l'essor économique. Il n'est pas un coin de l'univers où les moindres pensées n'aient gravité autour de ses péripéties, avidement lues et discutées. Même pour ceux d'entre nous qui, n'étant pas directement engagés dans la tourmente, ont pu vaquer librement à leurs travaux, cette longue guerre devint l'obsession, la hantise, la préoccupation essentielle en quoi se fondent et s'abîment toutes les autres.

On a le droit, le devoir, en temps normal, de penser à ses affaires personnelles. C'est même ainsi que chacun collabore à la prospérité du pays. Mais, comment penser à soi, au cours de ces sombres heures, pendant que l'existence du pays, considérée hier encore comme hors de discussion, se trouvait en jeu ?

Ne sommes-nous donc pas pleinement autorisés à nous placer devant le redoutable problème et à formuler l'angoissante question ?

La guerre est-elle réellement incorporée à la vie de l'humanité comme un anneau dans une chaîne? Et l'humanité est-elle appelée à la retrouver, fatalement, un jour ou l'autre, au cours de son évolution?

Certains répondent :

La vie est un perpétuel recommencement. La guerre ayant existé, dès l'origine, et s'étant transmise jusqu'à nous en dépit du progrès, — dont elle utilise d'ailleurs les conquêtes, — est donc une véritable maladie, inhérente à la nature humaine. Rien d'étonnant à ce qu'elle soit revenue aujourd'hui; rien d'étonnant à ce qu'elle revienne demain.

Des philosophes sont allés plus loin. Ils ont salué en elle une sorte d'épreuve envoyée par la Providence pour arracher l'humanité aux molles et dangereuses délices de la quiétude, pour la durcir, la purifier, la ramener au sentiment de sa dignité, et ils ont célébré les mâles vertus par quoi les peuples affirment leur droit à la vie.

Quant aux diplomates, à qui incombe le soin de surveiller constamment cette épée de Damoclès suspendue sur les travaux de la paix, ne considèrent-ils pas la guerre comme une fatalité, puisqu'ils s'ingénient à contracter des alliances et à élaborer des traités.

Une fatalité !

S'il en était ainsi, nous devrions nous incliner, accomplir philosophiquement notre devoir et profiter de la leçon actuelle pour être prêts à la prochaine occasion.

Et de même que le génie humain, malgré son audace, n'a jamais cru devoir tenter

de modifier l'ordre des saisons, d'avancer
ou de retarder le lever du soleil, de même
il accepterait comme une loi, sans essayer
de s'y dérober, un fait supérieur à sa
volonté.

*
 * *

Mais la guerre n'est pas une loi fatale.
Elle est l'œuvre de l'homme. C'est lui qui
la prépare, qui la dirige, qui en détermine
le début et la fin, c'est lui qui la veut.
Nous avons donc prise sur elle, nous pouvons donc et nous devons l'empêcher.

L'homme est essentiellement perfec-
tible. Ses actes le sont, donc les rapports
entre humains, entre nations, sont également perfectibles. Ce qu'il faut surtout
perfectionner, c'est la conscience humaine,

non les armes. Il faut réveiller le sentiment du droit et du devoir, donc de la dignité. Il faut que la barbarie soit complètement et définitivement chassée de ce monde, — si la civilisation n'est pas un vain mot.

20 juin 1920.

PSYCHOLOGIE DE LA GUERRE

CHAPITRE PREMIER

ORIGINE ET FORMATION D'UN PAYS

Il nous a paru intéressant, au seuil de ce chapitre, avant d'approfondir la formation d'un pays — œuvre humaine — de jeter d'abord un regard rapide sur l'homme lui-même, tel que la nature l'a pétri, de le considérer en soi, dépouillé des qualités et des défauts acquis au cours des siècles. Situé dans son milieu d'origine, parmi les autres membres de la grande famille animale où il s'incorporait jadis, il se dressera ainsi devant nos yeux, en pleine lumière. Il est né au sein de la nature, il est la nature elle-même.

Qu'est-ce donc que la nature?

Il est malaisé de la définir, car elle est précisément infinie. Ce mot, le plus compréhensif de ceux que le génie humain imagina, désigne toutes les réalités qui existent en nous, autour de nous.

Tout ce que nous voyons, entendons, percevons, c'est donc la Nature. C'est le ciel avec ses planètes, ses millions et millions d'étoiles; c'est la montagne et la plaine, le roc et la forêt, le lac immobile et le torrent qui bouge. Et tout cela, depuis les sombres profondeurs des eaux jusqu'aux cimes étincelantes, depuis l'insondable abîme jusqu'à l'azur où se perd le regard, tout cela est habité, tout cela possède son monde d'êtres vivants qui se développent d'après une loi naturelle, et jouent fidèlement le rôle assigné, depuis leur naissance, à leur activité.

L'homme est un des innombrables habitants de la terre. Il devrait donc se confondre avec les autres animaux, à qui par sa configuration physique il s'apparente. Mais il s'en est lentement et définitivement dégagé, au point de constituer dans la nature un élément à part, un élément conscient. Et cette supériorité, il la doit à une faculté particulière, exceptionnelle, dont il détient seul l'inappréciable privilège : la faculté de penser.

Voilà l'origine de son empire progressivement étendu sur le vaste univers, invariablement dominé jusqu'à ce jour par l'implacable loi de la nature.

Entre l'insecte invisible à nos regards et le redoutable lion, en passant par tous les intermédiaires, il n'y a qu'une différence de degré. Les uns et les autres, étroitement adaptés aux conditions de leur milieu, demeurent régis par l'infaillible instinct et se contentent de répéter indéfiniment les mêmes gestes nécessaires à leur entretien et devenus automatiques, sans tendance à la perfection.

Les animaux, en effet, ne possèdent que l'instinct. Ne suffit-il pas largement pour assurer tous les besoins rudimentaires? Pourquoi et comment se défieraient-ils de ce guide qui ne se trompe jamais?

« Tu seras gardé du mal par une force constamment en éveil qui te conduira dans la voie utile que tu suivras sans la moindre hésitation. Placé dans le milieu qui est, en quelque sorte, le prolongement de ton organisme, tu n'auras, pour remplir ton rôle, qu'à prendre ce qui est autour de toi, en écoutant pieusement les ordres de ce maître qui te protègera. A la porte de chacun de tes sens seront postées des sentinelles dont l'attention n'est jamais en défaut. Va ton chemin, puisque, grâce à moi, tu détiens l'essentiel : le monde où tu dois évoluer ne sera ni trop grand, ni trop petit pour ton activité, puisqu'il dépasse de beaucoup la mesure de tes besoins... »

Et c'est pourquoi, depuis des siècles et des siècles, les animaux répètent les mêmes actes, profèrent les mêmes chants et les mêmes cris, construisent les mêmes nids et les mêmes tanières, mènent en un mot la même existence passive. Les spectacles les plus inattendus et les plus nouveaux, le contact de l'homme qui a élu certains d'entre eux comme compagnons de son intimité, rien n'a pu ébranler leur morne et stupide attachement à l'instinct. Aucune leçon n'a pu leur suggérer la possibilité d'adopter des méthodes plus perfectionnées, d'après l'exemple, pourtant visible et proche, de l'homme. Tels ils se montraient à l'observation des Anciens, tels ils sont aujourd'hui, tels ils

seront demain, Arrivés du premier coup au
« parfait », incorporés à leur place dans la hié-
rarchie éternelle, sachant seulement ce qu'il
est nécessaire de savoir mais le sachant bien,
ils s'en tiennent là, se meuvent dans leur cercle d'origine sans avoir la tentation d'en sortir.

A quoi bon?

C'est donc la faculté de penser, détenue par
l'homme seul, qui devait lui permettre de briser ce cercle emprisonnant les animaux, et
d'agrandir son domaine au point de l'égaler
aux dimensions de la nature elle-même, c'est-
à-dire de l'infini.

Percevoir les rapports des choses entre elles,
c'est percevoir la possibilité de les modifier,
et, en les modifiant de les recréer à nouveau.
Devenir un créateur à son tour, c'est continuer

l'œuvre de la nature, la parfaire, l'égaler, la dominer. Et c'est grâce à ce don merveilleux que l'homme, stimulé par le désir de satisfaire ses besoins sans cesse grandissants, et traduisant de plus en plus son activité intellectuelle par la création, tend à devenir le maître de cet univers dont il n'était, jadis, que l'esclave.

Car, dans le règne animal, le rang de chacun étant déterminé par la force physique, nous avons le droit d'admirer comment l'homme a pu, malgré sa faiblesse relative, grâce à son intelligence, non seulement se défendre contre les ennemis dont il devait être la victime mais encore les dompter ou les rendre inoffensifs.

Les débuts furent lents, certes, et laborieux, féconds en surprises souvent pénibles. Dès l'instant que le révolté, abandonnant le domaine où la nature l'avait installé, prétendait s'insurger contre les lois acceptées par les autres et pénétrer dans l'inconnu, c'est qu'un élément nouveau venait contrarier l'instinct, en attendant de se substituer à lui, élément issu de l'intelligence : la volonté.

Au début, cette faculté, à peine éveillée, ne lui permettait d'évoluer qu'à pas comptés, prudemment, et dans un rayon limité. Pourtant s'il s'est contenté, à l'origine, d'habiter des cavernes, de revêtir des peaux de bêtes, de manger une nourriture primitive, juste suffisante pour assurer sa subsistance, il n'a pas tardé à comprendre la possibilité de transformer les matériaux qui l'entouraient, de les combiner pour en extraire des forces nouvelles, capables de s'ajouter à la sienne. Timidement d'abord, puis avec une audace et une habileté encouragées par le succès, il a pu, au moyen d'engins constamment perfectionnés, étendre peu à peu sa domination sur tous les animaux, utilisant les uns pour en faire les collaborateurs de son œuvre, prenant aux autres leur chair et leur dépouille, et réduisant à l'impuissance ceux qui rôdaient, menaçants, autour de son bien.

L'homme est donc parvenu, par les seules inspirations de son génie, à asservir progressivement cette nature où il aurait pu se contenter de vivre comme les animaux, car il y trouvait, comme eux, sa vie.

Ces conquêtes, chacun le sait, ne furent possibles que grâce a la collaboration étroite des membres des groupements primitifs, qui constituèrent ce qu'on appelle des tribus. Ces groupements s'étant amalgamés ont fondé successivement des villages, des villes, et l'ensemble de ces foyers a formé à la longue des unités particulières : les pays.

Nous n'allons pas entreprendre de raconter ici la genèse des divers pays. Nous ne parlerons pas des invasions qui bouleversèrent la face du globe, ni des sanglants conflits qui ont constamment modifié la répartition de la famille humaine sur cette terre où il est si doux de vivre en paix. Cela, c'est la tâche, éminemment complexe et passionnante, de l'historien.

La nôtre se contentera de montrer à quelles conditions ces agglomérations, une fois installées, ont pu se développer et s'unir de façon à former un pays. Nous trouvons à la base deux éléments primordiaux ; un sol assez riche pour les nourrir, et une situation géographique qui leur permît de s'étendre.

Cependant, la configuration même de la terre opposant en certains points à leur expansion des obstacles naturels — la mer ou la montagne — chacun de ces pays devait fatalement chercher une issue du côté où le champ était libre ; et il avançait ainsi, occupant insensiblement le territoire jugé conforme aux exigences de sa population, jusqu'au moment où surgissait devant lui un autre groupement, installé déjà, et tendant à se développer dans la même direction. Alors il fallait bien s'arrêter. Aucune raison en effet pour que celui-ci abandonnât volontairement la place à celui-là. C'est le plus fort et le mieux armé qui généralement repoussait le plus faible, et la lutte ne prenait fin que le jour où un équilibre s'établissait entre les deux rivaux qui se fixaient alors sur leurs positions, devenues désormais leur propriété.

On s'explique ainsi pourquoi certains pays, plus ou moins comprimés sur tout le pourtour par des obstacles naturels, sont restés, en dépit d'une sage administration, petits, alors que d'autres trouvant à leur disposition des vastes plaines désertes, ont pu s'agrandir considérablement. Et l'on comprend également pourquoi les groupements humains, dès que le hasard les mit en présence, firent appel aussitôt à la force des armes pour soutenir leurs prétentions, également justifiées de part et d'autre.

L'histoire n'est en réalité qu'une longue suite de guerres dont les principaux épisodes se déroulèrent dans les plaines découvertes, aux alentours des frontières purement conventionnelles, constamment modifiées par les traités, et dont les intéressés eux-mêmes ignoraient souvent la position exacte.

C'est dans les intervalles que les divers peuples, profitant de la trêve, cherchaient à s'organiser pour jouir de leur bien si péniblement conquis. Et ce bien, à mesure qu'ils se rendaient mieux compte des dangers qui le menaçaient, leur devenait plus cher. A force de le cultiver, de le parer, à force de penser à lui, chaque citoyen sentait croître et s'épaissir les liens qui l'unissaient corps et âme à ce coin de terre où le hasard l'avait fait naître, où le travail l'avait fait vivre et où il voulait reposer, la tâche accomplie, auprès des siens qui l'avaient aimé et défendu avant lui. Ce coin de terre allait devenir quelque chose de sacré, le patrimoine qui transmis de génération en génération, devait former la patrie elle-même.

Un sentiment nouveau, jailli des profondeurs du sol, commença d'embraser tous les membres du groupe asservis aux mêmes conditions matérielles et poursuivant le même objet. Définitivement fixé, en possession désormais de la stabilité qui seule permet d'aménager le présent et d'envisager l'avenir avec confiance, le pays allait maintenant s'épanouir selon les aspirations de son génie peu à peu dégagé de la contrainte que lui imposait la nécessité d'une existence errante exposée à tous les périls. Des traits de plus en plus accentués marquèrent la figure de chacun, lui conférant un type particulier qui le différencia nettement du voisin, cependant qu'un langage subtil et profond, capable d'exprimer les joies et les peines, et de traduire les nuances les plus délicates de la pensée, achevait de cimenter l'union entre les enfants d'une même mère. Et c'est ainsi que naquit spontanément, sans effort, le sentiment du patriotisme qui devait grandir à travers les âges, au point de s'incorporer à la conscience des humains.

Au début, quand il menait une vie modeste, se contentant des éléments que lui fournissait le sol, le pays n'avait aucune envie de fréquenter le voisin, ennemi d'hier prêt à redevenir l'ennemi de demain. La prudence l'engageait à éviter tout rapport avec un étranger qu'il ne connaissait que sous l'aspect, peu séduisant, d'un adversaire. Et comme les contrées

lointaines demeuraient hors de ses atteintes, il
ne pouvait se livrer aux échanges que dans
l'intérieur même de son propre territoire, où
les moyens de communications étaient d'ailleurs rudimentaires et peu sûrs.

Mais le génie humain, lui, évolue dans un domaine illimité; il ne connait pas de frontières,
il ne se repose jamais, il invente, et chacune
de ses inventions, en dotant l'humanité d'un
élément nouveau, crée un besoin nouveau.
Quand on ne peut le satisfaire sur place, il faut
bien chercher ailleurs. La nécessité, autant
que la simple curiosité invita donc les hommes
à se demander ce qui se passait au delà des
mers et des montagnes. Des contacts, amicaux
cette fois, s'établirent insensiblement entre les
voisins, poussés par un égal désir de se connaître. On échangea d'abord certains produits
dans la zône des frontières où le voisinage avait
depuis longtemps laissé subsister des relations

nées des conflits eux-mêmes et facilitées par
l'emploi d'idiomes appelés patois, possédant
de nombreux points communs. Puis ce commerce local s'étendit, gagna les régions du
centre naturellement hostiles, en raison même
du caractère national plus accentué, et les rapports se firent ainsi plus fréquents.

CHAPITRE II

L'HOMME ET LA PATRIE

Fixons dès maintenant un point essentiel, à savoir que tout être, quel qu'il soit, a son pays d'origine, sa patrie. Riche ou pauvre, puissant ou faible, qu'il domine l'univers par son génie ou qu'il traîne le long des routes une misérable existence de mendiant infirme, il appartient, par le seul fait de sa naissance en un lieu déterminé, au groupe humain installé en ce lieu, il jouit des mêmes droits, est astreint aux mêmes devoirs et bénéficie du rang occupé par lui dans le monde.

2

Les pays diffèrent, nous le savons, par le climat, l'étendue, le genre et la densité de la population, par la richesse, le langage, les mœurs, bref par mille traits physiques, intellectuels et moraux qui constituent ce qu'on appelle le caractère. Nous négligerons ces différences, étrangères à notre sujet, et nous ne tiendrons compte que des traits par quoi ils se ressemblent et qui nous permettront de les classer dans la catégorie des civilisés, la seule visée en ce livre. Les autres ne nous intéressent pas.

Qu'est-ce qu'un peuple civilisé? C'est un peuple qui, ayant suivi progressivement son évolution, est parvenu à la notion exacte du bien et du mal. Capable d'assumer la pleine responsabilité de ses paroles et de ses actes constamment soumis à l'infaillible jugement de sa conscience, il sait placer au même niveau et traiter avec le même respect ses droits et ses devoirs.

Celui-là seul aura l'honneur de figurer dans la grande famille de la civilisation qui conformera le rythme général de sa vie à ces principes fondamentaux, pétris par une longue expérience, consacrés par la tradition et imposés par le consentement unanime comme la plus haute expression de la dignité humaine. Et aucune considération personnelle ne lui permettra de secouer la règle morale universellement acceptée, qui pèse avec la même implacable rigueur sur l'ambitieux impatient d'étendre sa domination et le raffiné soucieux de cultiver en paix le beau domaine que lui léguèrent ses ancêtres.

Donc, laissant de côté les peuples sauvages que nous ignorons, et les retardataires appelés un jour ou l'autre à être emportés par le courant, nous resterons dans le groupe des civilisés, le seul qui représente vraiment l'humanité et qui seul doit jouer un rôle ici-bas.

Ceci dit, chaque pays se présente à l'examen sous deux aspects, selon qu'on le considère en soi, par rapport à lui-même c'est-à-dire dans les manifestations de sa vie intérieure ou par rapport au reste de l'univers, c'est-à-dire dans les manifestations de sa vie extérieure.

La vie intérieure comporte une organisation très complexe, étroitement adaptée au tempérament de la race, constamment remaniée selon les circonstances et s'imposant à tous comme une obligation formelle. L'ordre est en effet la première condition du développement social et rien de durable, en dehors de lui, ne se peut concevoir.

Certes, tous les habitants du pays sont unis par des liens étroits dont la force augmente avec le temps et se mûrit au souvenir des épreuves subies en commun. Élevés ensemble sur le sol qu'ils apprirent à aimer dès leur venue au monde, ils ont subi l'influence des mêmes méthodes, parlent le même langage et sont également prêts, sur un signe, à se lever pour le défendre.

Pourtant ils ne sont pas seulement des citoyens, ils sont, avant tout, des êtres humains, et si aucun doute ne subsiste en leur esprit sur l'attitude à prendre contre l'ennemi du dehors, ils n'en restent pas moins, en temps normal, soumis aux mille petits chocs provoqués dans leurs rapports quotidiens par la jalousie, la concurrence. La vie est une lutte où les plus méritants ne triomphent pas nécessairement. Il est naturel qu'on ne s'entende pas toujours, qu'on cherche à se nuire, qu'on se déteste. La société a donc été amenée à créer un outillage formidable, de plus en plus perfectionné, destiné à empêcher les empiètements des uns sur les autres, à maintenir l'harmonie. Devant la loi, expression de la volonté générale, il fallut s'incliner.

En effet chaque pays, étant une collection
d'individus, ne saurait contenir que des échan-
tillons parfaits. Dans toute foule il y a du bon
et du mauvais, de l'excellent et du pire. Autrement dit, il y a les bons citoyens — ceux qui
travaillent ; et les mauvais, — ceux qui cherchent à vivre du travail des autres.

Or, les bons seuls comptent. C'est sur eux
que repose l'édifice social, menacé par les tentatives des mauvais. La société est donc intéressée à les prendre sous sa protection, car en
les défendant elle se défend. Ainsi chacun
pourra remplir son devoir vis-à-vis de la communauté, c'est-à-dire travailler, et contribuer
par son travail personnel à la prospérité du
pays lui-même.

Certes, si tous sont doués d'une égale bonne
volonté, ils diffèrent par contre sous le rapport
des aptitudes. A côté des génies dont l'activité
sans cesse en éveil fournit aux humains des

modes nouveaux d'embellir, de prolonger la vie, à côté des intelligences souples et vives qui s'adaptent facilement aux circonstances, combien d'esprits lents et obtus, destinés par leur médiocrité à évoluer constamment dans le même cercle borné ! Et s'il est des privilégiés à qui une robuste santé ouvre des débouchés presque illimités, ne compte-t-on pas en revanche des chétifs, des malingres, que l'insuffisance de leurs moyens physiques maintiendra jusqu'à la fin dans des emplois subalternes, au-dessous de leur véritable valeur ?

Le champ de labeur est ouvert à tous, indistinctement. Mais la fortune n'a pas pour tous le même sourire. Certains tombent prématurément alors que d'autres atteignent en se jouant le but. C'est dire que les résultats diffèrent selon les tempéraments. La nécessité s'imposait donc de sauvegarder par un principe établi une fois pour toutes, les intérêts de chacun, de les placer hors d'atteinte, hors de discussion. Il convenait de rassurer les bons en faisant trembler les méchants. Et c'est de là qu'est né ce dogme fondamental qui devait asseoir définitivement sur sa vraie base l'édifice social et ouvrir au progrès des perspectives sans fin — la propriété est sacrée.

Si nous n'étions pas sûrs du respect de notre bien acquis par le travail ou reçu en héritage, aurions-nous l'énergie et la persévérance de poursuivre la lutte au moyen de ce même travail? Prêchez la noblesse de l'effort et laissez les gens exposés aux attaques des malandrins, aux lâches entreprises de rivaux sans scrupules, contre-facteurs ou plagiaires, lequel d'entre eux serait assez imprudent pour affronter de tels risques, pour placer son intelligence ou ses capitaux dans une affaire aussi hasardeuse.

Mais déclarez à chacun que la propriété est

sacrée, intangible, garantie par la communauté
qui veille constamment, prête à lui venir en
aide à la moindre alerte; affirmez-lui qu'il peut
vaquer à ses occupations, aller et venir, étendre
ses opérations jusqu'aux confins du monde sans
compromettre la moindre parcelle de ses droits
officiellement reconnus, et alors vous verrez
avec quel entrain confiant chacun s'efforcera
de conquérir sa part de richesse et de l'augmenter indéfiniment. Pourquoi hésiterait-il
devant cette tâche, aussi nécessaire à son propre
besoin d'activité qu'au développement même
de la société?

L'homme en effet ne demande qu'à s'élever,
à s'agrandir. Il sent nettement que l'évolution
de son intelligence lui interdit de la laisser im-
productive, que c'est un devoir sacré, pour
lui, d'utiliser cette force destinée précisément à
produire. Il veut donc jouer un rôle, dominer.

Quand bien même il ne serait pas poussé

par le besoin, — l'ambition, l'amour-propre, l'orgueil, l'envie d'éclipser des rivaux, le désir de se signaler à l'attention, de forcer l'admiration de ses semblables — ne vaut-il pas mieux faire envie que faire pitié? — et à défaut de ces stimulants, la simple curiosité, tout le détermine à s'abandonner au mouvement général : à travailler. Et à mesure qu'il avance dans la vie, il sent de plus en plus la nécessité d'affermir son bien, de le rendre invulnérable, de lui insuffler en quelque sorte toute sa vie avant de disparaître. Car c'est son œuvre, le témoignage évident de sa valeur, la preuve matérielle indiscutable des efforts déployés au cours de la rude lutte passionnante. Il l'aime d'un amour profond, égoïste, jaloux, il y est attaché par les liens de l'habitude, il la contemple avec la tendresse d'un père. Il veut donc pouvoir en jouir librement, la façonner à sa guise, prendre toutes les mesures qui lui

sembleront utiles à son accroissement, sa conservation. Et il y tient tant qu'après l'avoir
étroitement surveillée de son vivant, il prétend en disposer après sa mort, la partager
entre ceux qui lui paraissent les plus dignes
d'en recueillir l'héritage.

La propriété étant officiellement considérée
comme sacrée, l'homme, mis désormais en confiance, pouvait aborder n'importe quelle en-
treprise. Son ambition n'était limitée que par
ses propres moyens. Ce grand principe apparaît donc comme la condition essentielle au
développement de l'activité humaine, pendant
si longtemps paralysée par la crainte. La société n'a connu la sécurité que du jour où elle
a été assez bien organisée pour proclamer ce
dogme, et assez forte pour l'ériger en obligation formelle.

Certes, si la conscience de chacun était un juge également rigide et infaillible, la conscience sociale, qui est la somme des consciences individuelles, constituerait un organisme si parfait qu'il fonctionnerait automatiquement, sans réclamer aucune intervention étrangère. Ainsi en est-il pour les honnêtes gens qui agissent d'après les ordres de ce guide intime et non par crainte du châtiment. Une parole, une signature et les voilà liés.

Malheureusement, la conscience est un élément strictement personnel, qui diffère selon les individus. Il en est qui la consultent à tout propos et ne prennent jamais de décision sans avoir placé sur chaque plateau de cette balance, très sensible, les mobiles qui militent pour ou contre l'acte en discussion. A côté de ces raflinés, trop rares, dont les scrupules sont généralement considérés par les ambitieux et les jouisseurs comme un bagage encombrant, de nature à ralentir l'élan vers le succès, la plupart des humains vivent au jour le jour, absorbés par les soucis du lendemain ou engourdis dans le bien-être, s'estimant parfaitement en règle s'ils se conforment aux principes, assez vagues, admis dans le milieu où ils évoluent. Et c'est à peine si, de loin en loin, un événement imprévu, en posant devant eux un « cas de conscience », les force à interroger ce juge, méconnu jusqu'alors.

Enfin, il y a des individus en qui le besoin de jouir à tout prix a complètement aboli la notion du bien et du mal. Incapables de se constituer par leur travail une propriété, ils jalousent celle des autres. C'est dire que non seulement ils ne la respectent pas, mais encore qu'ils cherchent à la violer. Aussi la société a

dû prendre une série de mesures, pour empêcher ou réprimer les attentats de ces pertur-
bateurs de la paix publique, et le châtiment
prévu par les lois va de la petite amende insi-
gnifiante, jusqu'à l'emprisonnement perpétuel
et la privation même de la vie.

Quant aux précautions matérielles, c'est aux
particuliers qu'en incombe le soin. Murs,
grilles, clôtures, volets aux fenêtres, créneaux
aux portes, et les valeurs dans le coffre-fort,
et l'argenterie sous clé, chacun s'arrange à sa
guise, et il faut croire que ces précautions élé-
mentaires ne suffisent pas toujours à déjouer
l'audace des malfaiteurs, si l'on en juge d'après
les nombreuses affaires déférées aux tribunaux
dans le monde entier.

Est-il besoin d'ajouter que si, afin de sti-
muler l'activité des citoyens, la société a pro-
clamé le dogme : *la propriété est sacrée*, elle a
compris en même temps que, chacun de nous

étant utile à la communauté, un corollaire s'imposait : *la vie humaine est sacrée.* Un être humain, quel qu'il soit, par le fait seul qu'il vit, a le droit de vivre. Et quand bien même il aurait commis les crimes les plus atroces, il ne subira le châtiment suprême — dans les pays qui admettent la peine de mort — qu'après de longs et minutieux débats dirigés par des spécialistes intègres et entourés des plus complètes garanties.

Telle est la première conquête réalisée par la société, définitivement assise. C'est elle qui a permis aux humains de vivre côte à côte, d'habiter, dans les mêmes agglomérations, les mêmes maisons, de sortir sans armes, bref, de vaquer à leurs affaires sans inquiétude, sous la protection des lois.

Ce respect réciproque est devenu à la longue un véritable instinct. Si les règles du « savoir-vivre » diffèrent d'un pays à l'autre, et même d'une classe à l'autre, si leurs finesses échappent à la masse qui n'a d'ailleurs nul besoin de les connaître, en revanche tous les civilisés, sous la redingote comme sous la blouse, savent que le bien d'autrui, quelle que soit sa valeur, est protégé de la curiosité par quelque chose de sacré, de mystérieux. Voyez à la campagne un champ, un bout de prairie. Il n'y a ni mur, ni barrière autour, aucun écriteau n'en interdit l'accès, c'est à peine même si de légers indices permettent de croire que ce morceau de terre a un maître. On entrerait volontiers, en écartant les branches dans ce lieu désert, abandonné, inculte où il ferait si bon se reposer à l'ombre d'un peuplier ou d'un frêne. Personne ne passe sur la route ensoleillée, et si d'aventure surgissait un gars du village voisin, il serait le premier à lancer un cordial bonjour. Eh bien, on hésite, comme au seuil d'un temple. Il semble qu'une divinité tutélaire, invisible mais présente, veille sur l'humble pré, dont elle interdit l'entrée aux inconnus... Et quand le hasard nous met en présence d'un objet perdu, comme nous hésitons à le prendre, comme il nous brûle les doigts, et combien nous sommes impatients de nous en démunir, de le remettre au premier représentant de la force publique.

Tout cela, en vertu de ce dogme : la propriété est sacrée.

Ainsi les honnêtes gens peuvent vivre et travailler entre eux, en se conformant aux lois en usage. La conscience humaine continuellement pétrie, modelée, a fini par constituer une individualité, une force — la conscience sociale — qui se trouve, grâce à l'arme offerte par ces mêmes lois, en mesure de réduire à l'impuissance ceux qui prétendent passer outre, les indisciplinés, ennemis de la société.

***

L'élan désormais ne s'arrêtera plus. Libre de vivre et de se développer grâce à l'accord parfait de tous les citoyens animés du même respect les uns pour les autres — tous se sentant également protégés — le pays tendra ses forces vers le progrès, c'est-à-dire vers l'utilisation plus complète de ses ressources en vue des améliorations matérielles et morales constamment entrevues par son insatiable besoin de perfection.

Les modifications perpétuelles qui se manifestent dans la nature toujours en mouvement, se traduisent dans notre substance cérébrale par une activité de jour en jour grandissante. De découverte en découverte, le génie humain s'élève vers l'idéal dont la poursuite acharnée est devenue sa seule raison d'être. Et chaque succès se réalise en richesses nouvelles qui, ajoutées aux autres, augmentent l'importance du génie national.

Ainsi se forment sur divers points du territoire des agglomérations industrielles autour de certains centres de production dont le rayonnement s'accroît. Et grâce aux conditions fondamentales qui régissent sa vie intérieure, le pays se trouve naturellement sur la voie de la prospérité. Il utilise, au mieux de ses intérêts, les ressources du sol mises en valeur par les recherches d'une science qui ne connaît plus d'obstacles, il vit d'une vie ardente, intense; il forme un bloc de plus en plus compact, aux éléments étroitement soudés, — la patrie — que chacun de ses enfants est prêt à défendre jusqu'à son dernier souffle, car elle est l'ensemble des biens de chacun, et chacun, en la défendant, défend son propre bien.

Voilà donc la patrie nettement dégagée, solidement assise, rivée au sol, irréductible, intangible. Mais si elle constitue la personnalité morale par excellence, pure de tout alliage, et qui ne peut et ne veut subsister que par son propre génie, et qui prétend se suffire à elle-même, garder intactes sa langue, ses traditions, et pour tout exprimer en un mot, son âme; si elle est décidée à se protéger jusqu'au bout contre quiconque tenterait de porter la moindre atteinte à son honneur ou à ses biens, elle ne peut et ne doit garder dans le domaine économique l'attitude intransigeante qu'elle s'efforce d'observer, à l'égard de ses voisins, dans le domaine moral.

Si favorisé en effet qu'il soit par la nature ou par l'activité de ses habitants, il n'est pas un pays au monde qui puisse vivre de sa propre substance, et plus il sera civilisé, donc raffiné, plus il aura besoin d'entrer en relations avec les autres pays, proches ou éloignés, s'il veut augmenter sa puissance.

CHAPITRE III

LA PUISSANCE D'UN PAYS

Délinissons d'abord, et ne craignons pas de répéter les mots. La puissance du pays, c'est sa richesse bien défendue. La richesse se compose du sol et du sous-sol, lesquels doivent, pour produire, être favorisés par des conditions climatériques avantageuses et une exploitation habile.

Si la puissance a pour base la richesse, elle ne peut exister, en tant que force réelle, que si cette richesse est à l'abri des convoitises, c'est-à-dire efficacement protégée. La défense sera donc en rapport étroit avec la richesse.

Défendre le pays à l'intérieur, signifie exploiter intelligemment ses ressources pour obtenir le plus grand rendement au prix le plus bas, et réprimer le gaspillage. Défendre le pays à l'extérieur, c'est d'abord protéger judicieusement ses produits en portant leurs qualités à l'extrême et en facilitant, grâce à la plus-value ainsi acquise, leur exportation au dehors. C'est ensuite, afin d'imposer la supériorité de sa puissance, mettre le pays en état de lutter avec succès contre l'ennemi éventuel qui pourrait, au lieu de se contenter de rapports commerciaux corrects, avoir des velléités d'agression.

La responsabilité de l'organisation d'ensemble incombe au gouvernement. A l'intérieur, il règle les trafics par voie de terre et de mer, promulgue et rend exécutoires les lois relatives à la parfaite correction des échanges;

bref, il est, par ses interventions constantes, le grand régulateur des affaires. Quant à la défense extérieure, il l'assume au moyen de deux organismes spéciaux dont les attributions sont nettement déterminées : la diplomatie et l'armée.

Chaque pays, ainsi organisé, cherche à vivre et à se développer selon ses ressources et son tempérament en tirant le meilleur parti possible des avantages que lui fournissent son climat, sa position géographique, la nature et la configuration de son terrain. Et la somme des efforts de tous les citoyens contribue à l'accroissement de sa richesse. Les résultats de cette activité varient d'un pays à l'autre, puisque, d'un pays à l'autre, les ressources et le tempérament diffèrent.

Aussi, est-il impossible d'établir, à cause des innombrables facteurs qui entrent en jeu, une comparaison entre les divers pays au point de vue de la puissance. On ne peut en effet comparer que des objets de la même espèce, et d'après un élément donné. Peut-on comparer deux pays uniquement sous le rapport de l'étendue? Non, car il y a de grands pays pauvres et de petits pays riches. Il en est de même pour chacune des autres qualités prises à part, comme la situation géographique, la densité de la population, l'altitude, etc.

Ce qui se dégage très nettement, c'est que chaque pays, pris à part, a sa raison d'être, sa personnalité, constituées par un ensemble de traits lui appartenant en propre, et qui suffisent à justifier son existence. Le seul fait qu'une population a cru devoir s'installer sur un coin de terre, si déshérité qu'il soit, et qu'elle lutte depuis des siècles pour le cultiver et le défendre, prouve implicitement l'existence de certaines ressources. Sans quoi les occupants l'auraient depuis longtemps abandonné.

Et ce sont précisément les ressources particulières possédées par chaque pays qui provoquent des rapports constants et étroits entre tous.

D'où nous pouvons conclure. La terre, si infime par rapport à l'ensemble des planètes, mais si vaste pour la conception humaine, est à vrai dire un seul et unique organisme composé d'organes multiples à fonctions nettement déterminées commandées les unes par les autres et intimement soudées. La somme de tous les pays réunis constitue ces organes.

C'est dire que chaque pays a sa fonction individuelle, qui n'en demeure pas moins, quoique indépendante, régie par les fonctions des autres rouages de l'organisme commun, dont elle est tributaire.

Bien que le manque de commune mesure

nous empêche de comparer les pays entre eux, il nous est permis quand même, afin d'arriver à comprendre en quoi consiste leur puissance, de les grouper approximativement en deux classes : les grands et les petits.

A première vue, s'il est un pays au monde qui semble pouvoir se suffire à lui-même, donc se passer des autres, c'est bien un grand pays. Puissant par l'étendue et la richesse, donc capable de trouver chez lui, sur son vaste territoire admirablement mis en valeur, tous les éléments nécessaires à sa subsistance, n'est-il pas affranchi de l'obligation, imposée aux petits, d'avoir recours à ses voisins? Il n'en est rien. Car à mesure qu'il développait sa richesse, il développait grâce à la civilisation et au progrès ses goûts et ses besoins, insensiblement transformés en véritables habitudes, dont il est devenu l'esclave. Et il suffit qu'un petit pays possède, à cause de son climat ou

de sa situation, un produit particulier, de
première nécessité ou même de luxe, pour
qu'il tienne sous sa dépendance économique
le grand pays qui ne peut ni le produire, ni
s'en passer.

Le petit pays, au contraire, a des goûts
simples, en rapport avec ses ressources modestes. Tributaire du grand pour les denrées
de première nécessité, il ne pense qu'à vivre
sur son propre terrain, en intensifiant et en
perfectionnant la production de telle spécialité
qui constitue sa fortune parce qu'il est le seul
à pouvoir en fournir l'univers.

Le plus libre ce n'est donc pas, comme on
serait tenté de le croire, le grand, le riche ;
c'est le petit, le pauvre. Et par une juste et
légitime compensation, c'est à des objets de
luxe ou d'utilité secondaire, devenus pour lui
de première nécessité, que le grand pays doit
son esclavage.

Ces exigences multipliées à l'infini, expliquent les sacrifices d'hommes et d'argent consentis par les nations les plus favorisées pour s'assurer la possession de vastes étendues territoriales situées aux antipodes, sous un climat meurtrier, et habitées par des tribus à demi-sauvages. Ces colonies qui ont coûté tant de sang, dont l'entretien est si coûteux et l'administration si difficile, sont des greniers d'abondance où la métropole puise à pleines mains des denrées insoupçonnées jadis, et qui lui sont devenues indispensables uniquement parce qu'elle a pris l'habitude, grâce à leur prix modique, de les consommer journellement, comme les produits extraits de son propre sol.

Ainsi chaque pays cherche à vivre le plus confortablement possible en utilisant ses ressources personnelles et en facilitant l'exportation du surplus de sa production chez les

voisins proches ou éloignés, empressés à lui
fournir, en échange, les produits qui lui
manquent. Plus il sera riche, plus il voudra
s'enrichir. Et pour peu qu'il soit en état de
mettre au service de ses appétits insatiables
une puissance militaire supérieure à celle de
ses concurrents, il souffrira d'être l'acheteur
correct qui s'incline devant le principe universellement accepté et paie ses acquisitions ; il ne
se contentera plus d'envahir par la voie régulière et pacifique du commerce les marchés du
monde ; il tentera de s'en emparer par la force
armée et il pourra devenir ainsi pour la paix
universelle si précaire, une menace permanente.

Fort heureusement, l'ambitieux grisé d'orgueil qui prétendrait, à tort, dicter sa loi aux
autres sous prétexte qu'il est le mieux armé,
en dissimulant ses bas appétits de conquêtes
sous des « principes » uniquement forgés par

sa criminelle folie pour les besoins de sa détestable cause; ne tarderait pas à voir se dresser devant lui ses égaux. Ils lui demanderont compte de ses actes et l'empêcheront d'écraser les faibles et arrêteront ainsi le monstre dans sa course effrenée.

Ces interventions généreuses toujours disposées, en temps normal; à se manifester, et qui, en temps de guerre, comportent de si lourds sacrifices; semblent d'abord être dictés par l'instinct même de la conservation, lequel avec l'infaillibilité d'un réflexe, proclame la nécessité de maintenir à tout prix contre toutes tentatives, l'équilibre, absolument indispensable à la vie, de l'organisme mondial. Car rien n'est indépendant ici-bas. L'accroissement trop rapide et exagéré de l'un est appelé, par une loi fatale, à diminuer d'autant la force des autres. Ils le sentent, ils le savent, ils sont là, ils veillent, prêts à se liguer contre le dément qui aura déchaîné l'orage, et ils ne s'arrêteront qu'après l'avoir définitivement maté.

Il faut d'ailleurs noter que l'intérêt n'est pas le seul mobile pour déterminer la conduite des peuples ou des gens. La conscience humaine, de plus en plus libérée des préjugés qui l'emprisonnèrent pendant des siècles, est parvenue à une notion si nette, si élevée, si pure, du droit et du devoir, qu'elle est portée, toute question personnelle mise à part, aux résolutions les plus héroïques, les plus contraires à l'égoïsme quand il s'agit de défendre, par simple humanité, une cause, uniquement parce qu'elle est juste.

La raison et le sentiment, qu'on se plaît généralement à opposer, sont donc étroitement liés; et c'est grâce à cet accord que l'univers peut poursuivre sa route dans la voie du progrès sans fin.

*
* *

Si dans la définition de la puissance du pays nous avons placé côte à côte deux éléments — richesse et défense de cette richesse — c'est parce que nous voulions d'abord envisager la puissance en soi, par rapport au pays lui-même. Il a été nécessaire de considérer les deux modes : la défense intérieure contre le gaspillage et la défense extérieure contre l'ennemi éventuel.

A l'intérieur, chaque pays, maître de ses destinées, peut prendre toutes les dispositions qui lui sembleraient dictées par la sagesse à l'effet de conduire ses affaires. Mais son pouvoir ne s'étend pas au-delà de son domaine. Et c'est à la diplomatie en temps de paix, à l'armée en temps de guerre qu'incombe la lourde tâche de faire respecter son bien et de le défendre.

Ceci dit, comment se conçoit la puissance,

selon qu'il s'agit d'un grand ou d'un petit pays?

Le premier élément de la puissance — la richesse — étant à peu près proportionné à l'étendue et à la densité de la population, donnera en moyenne, dans sa répartition entre tous les intéressés une valeur de bien-être sensiblement égale partout. Il n'y a aucune raison, en effet, pour que le citoyen appartenant à la bourgeoisie d'un petit pays se plaigne plus de son sort que le citoyen occupant une situation équivalente dans un grand pays.

Quant au deuxième élément — la défense — il faut distinguer. A l'intérieur, dirigée contre le gaspillage, elle obéit à des règles économiques absolues qui s'imposent à tous avec la même rigueur et exigent des qualités de méthode, de discipline, de prévoyance communes à tous les humains.

A l'extérieur en temps de paix, la défense au moyen de la diplomatie peut être assurée avec un égal succès en dehors de toute considération de puissance. Pourquoi le représentant d'un petit pays serait-il moins clairvoyant et moins habile que le représentant d'un grand? Il y a là une question strictement personnelle.

En revanche, dès qu'il s'agit de la défense extérieure en temps de guerre, il intervient un facteur collectif, l'armée, dont la force dépend non de la valeur individuelle d'un homme mais de la valeur numérique de la population qui la forme. L'inégalité se trouvera donc automatiquement établie. Un grand pays ne redoutera pas le petit et se mesurera avantageusement avec son égal. Un petit pays se mesurera héroïquement avec ses égaux, et succombera devant un grand.

Il est donc indispensable de considérer cet écart manifeste entre la puissance représentée par le groupe des petits et celle représentée par le groupe des grands.

*
* *

Quelle est la situation des petits pays par rapport aux grands sous le rapport de la puissance ?

Il s'en faut que le destin ait également favorisé les groupements humains à la surface de cette terre. Ici, des agglomérations immenses couvrant des étendues territoriales trop vastes pour la population clairsemée ; là, comme écrasées entre leurs importants voisins, des enclaves minuscules, représentant à peine une province, et parfois surpeuplées. Ces inégalités si frappantes et qui engendrèrent tant de conflits sanglants, ont pu cependant se maintenir à travers les siècles. Il y a toujours eu, en somme, des grands et des petits pays.

La formation de ces petits pays n'est pas due à la seule intervention de la volonté humaine.

C'est le hasard qui a réparti les hommes sur les divers points du globe lentement conquis, groupant ceux-ci dans la plaine féconde, ceux-là au flanc des monts escarpés, ou sur les îles battues des flots. Et c'est le temps qui peu à peu les y a fixés. Et à mesure que les générations se succédaient, un sentiment d'un genre très particulier se développait chez tous ceux qui étaient nés là, établissant un lien de plus en plus solide entre chacun d'eux et ce sol, parfois rude et ingrat, mais sacré, parce que le sol de la patrie. Tous se sont mis à l'aimer d'un amour violent, étroit, aveugle, d'un amour instinctif en quelque sorte, d'un amour jaloux, exclusivement tourné vers le souci de la savoir plus belle, plus riche, de la rendre invulnérable. Et maintenant, la communion est complète entre ces hommes et cette terre. Rien de ce qui peut toucher de loin ou de près à sa force ou à sa gloire n'échappe à leur vigilance passionnée, jamais en défaut, inaccessible à la flatterie comme à la menace. N'essayez pas de les convaincre. Ne leur vantez pas la douceur de certains horizons, la pureté de certains ciels, les fruits savoureux que produisent certaines contrées bénies, où la vie s'écoule dans l'éblouissement d'un rêve. Ne leur dites point qu'on pourrait être plus heureux ailleurs. Ils ne comprendraient pas. Ici, ils ont connu toutes les joies ; ici, toutes les peines. Ils sont attachés au sol autant par les unes que par les autres, et ils se feraient plutôt arracher le cœur que de se laisser arracher un lambeau de la patrie.

On comprend l'appoint moral exceptionnel fourni au pays par un patriotisme parvenu à un tel degré d'exaltation, et combien ajoute à la puissance matérielle un sentiment aussi profondément incorporé à l'âme de chacun et qui est devenu pour chacun une manière d'être, de voir, de sentir. La foi ne soulève-t-elle pas les montagnes? C'est grâce à cette foi candide et véhémente que le pays, constamment tendu contre toute attaque éventuelle, est prêt à se mesurer avec n'importe quel ennemi et acceptera délibérément la lutte, sans tenir compte de la supériorité de l'adversaire qui le condamne d'avance à l'écrasement.

Voué par le destin à rester enfermé entre ses frontières sans aucun espoir de s'agrandir en suivant l'évolution générale, le petit pays au lieu d'étendre son ambition sur les domaines illimités offerts à l'activité des grands, doit fatalement la concentrer sur son propre territoire, son unique trésor d'où il doit tirer, matériellement et moralement, sa subsistance. A force de le cultiver, de le parer, de le choyer, il en a fait une œuvre personnelle, amoureusement façonnée par ses mains. Comment ne l'aimerait-il pas? Ne s'attache-t-on pas aux choses en raison des sacrifices qu'elles ont coûté ?

Celui qui a beaucoup voyagé possède des termes de comparaison qui lui permettent d'examiner, de préférer, de discuter, qui l'affranchissent de la soumission aveugle, hostile à tout progrès. Ayant appris à connaitre les autres, il est apte à les comprendre, il les juge sans parti-pris, avec indulgence, avec sympathie. Il a l'esprit plus ouvert, plus tolérant, plus accueillant aux idées généreuses qui constituent le patrimoine commun de l'humanité.

Celui qui reste enfermé dans sa maison sans contact avec le monde, qu'il ignore, n'élargit pas sa personnalité. Il la contracte, il l'accentue, à dessein, il la cultive comme une arme précieuse, il s'attache à développer en lui, autour de lui, tout ce qui peut contribuer à la maintenir, à l'exalter. La fidélité aux mœurs d'autrefois, aux costumes, aux légendes ne prouve-t-elle pas surabondamment le désir de demeurer en communion étroite et permanente avec le cher passé ? N'est-ce pas dans les enseignements perpétués par la musique, les poèmes, les danses, par les multiples manifestations populaires d'un art vraiment national, c'est-à-dire issu du cœur même de la nation, que se trouve formulée en termes nets et précis la réponse aux plus angoissantes questions. Et le patriotisme ardent, concentré, n'est-t-il pas la vertu suprême qui permet à la faiblesse de ne pas craindre la force et lui fournit le courage de se mesurer avec elle ?

Car le grand pays, dont le seul voisinage constitue pour le petit une menace perpétuelle, ne se contente pas de célébrer les hauts faits des ancêtres. Il n'a pas le temps de s'attarder, de regarder en arrière. Talonné par la concurrence qui le maintient constamment en haleine, il doit aller de l'avant sous peine d'être dépassé, débordé, démembré; et s'il se plaît à évoquer d'aventure le passé glorieux, c'est pour y puiser des raisons nouvelles d'exalter son orgueil, de justifier ses ambitions, pour se griser lui-même.

Ce qui l'intéresse, ce n'est pas ce qu'il possède, c'est ce qu'il pourrait posséder; et pour peu qu'un petit pays détienne tel avantage économique ou géographique — une mine, un port de mer — l'envie de saisir la belle proie mal défendue, s'impose à son esprit comme une véritable obsession. N'en a-t-il pas un plus pressant besoin, n'est-il pas, grâce à son outillage perfectionné, plus apte à en tirer parti? La richesse ne devrait-elle pas revenir de droit à celui qui est le plus capable de la mettre en valeur, et n'est-ce pas un crime que de voir dépérir des trésors faute de soins?

Comme l'opération serait facile et rapidement menée si on le laissait faire!

Seulement, on ne le laisse pas faire. D'autres pays, également forts et puissants, sont là qui veillent, prêts à mettre en jeu toutes les ressources dont ils disposent pour prévenir l'écrasement du faible, ce qui, par la même occasion, empêchera l'agrandissement du fort.

D'ailleurs les petits pays ne sont-ils pas les enfants assistés des grands, placés sous leur haute protection ?

Certes, mais combien il est nécessaire de surveiller, de contrôler cette protection sous peine de la voir dégénérer en abus ! Elle dépend essentiellement de la façon dont le protecteur la conçoit. Il peut en certains cas chercher à exploiter son protégé, il peut aussi se servir de lui comme d'une arme contre un autre pays qu'il veut atteindre indirectement. Les susceptibilités nationales sont si ombrageuses. Rien de plus facile que de provoquer dans l'ombre des malentendus, d'entretenir des animosités, d'exciter des passions chez des gens au patriotisme toujours prêt à prendre le pas sur la prudence.

Un petit pays se trouve donc à la merci de son puissant voisin dans la mesure où il contrarie, malgré lui, ses projets; et s'il peut souvent, grâce à la souplesse d'une politique avisée et d'une habile diplomatie, s'épargner un conflit direct avec un grand pays, il est trop fréquemment hélas entraîné dans le tourbillon par un de ses égaux qui, lentement et sournoisement travaillé par le grand pays, devient à son insu un provocateur et un complice. Et cette situation est si précaire que nous devons considérer comme privilégiés ceux d'entre eux qui se trouvent complètement entourés par des grands pays, subissant ainsi une pression égale de tous côtés, qui les maintient solidement en place et leur conserve l'équilibre indispensable à leur organisme délicat. Évidemment, cette pression équivaut à une pénétration, elle ne va pas sans entamer quelque peu leur personnalité. Mais du moins elle les met à l'abri du danger et leur permet de travailler en toute sécurité sans être paralysés dans leur développement par la menace constante d'une agression.

Ces privilégiés servent de tampons entre les grands pays qui s'épient par delà leurs frontières. La neutralité dont on les a gratifiés — autant pour diminuer les chances de conflit que pour assurer leur intégrité, nécessaire à l'harmonie générale — est l'expression exacte de leur impersonnalité. Elle exprime aussi la noblesse du rôle dévolu à ces médiateurs qui peuvent par leur impartialité, leur fermeté, maintenir la paix entre les belliqueux.

CHAPITRE IV

RAPPORTS ENTRE PAYS

La nature n'ayant pas également réparti ses
dons sur la terre, il n'est aucun pays qui possède tous les éléments indispensables à sa
propre subsistance, ni qui possède les mêmes
éléments que les autres. Au début, chacun
devait donc se suffire à soi-même et consommer sur place les produits directement extraits
de son sol. Tout ce qui dépassait la consommation personnelle était irrémédiablement
perdu, faute de moyens de communication qui
auraient permis l'échange de ces produits avec

les voisins. Mais le progrès en créant et en multipliant les modes de transport devait fournir rapidement aux pays, qui s'ignoraient jadis, des occasions de plus en plus fréquentes et faciles de procéder à ces échanges commerciaux qui allaient marquer pour l'humanité l'aube d'une ère nouvelle.

Il s'agissait de résoudre un double problème : se procurer au dehors ce qu'on ne pouvait trouver chez soi, et intensifier, grâce aux conquêtes de la science, sa production personnelle pour en transformer l'excédent en argent, c'est-à-dire en force. Comment songer à réaliser des acquisitions supplémentaires, sinon en exploitant d'abord, le plus habilement possible, ses propres ressources ?

Dès lors, une concurrence favorable au progrès s'établit entre ces rivaux animés de la même passion. Il fallait éviter de se laisser distancer, sous peine de voir dépérir l'excédent de ses richesses dont on aurait dû plutôt augmenter le rendement, partant de renoncer aux satisfactions morales et matérielles du bien-être, juste récompense de l'activité déployée par les concurrents plus adroits.

Ainsi le génie humain, corrigeant l'œuvre de la nature, rétablit peu à peu l'équilibre dans la répartition des biens. Aucune ressource ne fut plus inutilisée, et la surproduction, qui était autrefois un embarras, devint un revenu pour son détenteur, libre désormais de le transformer à sa guise. Les frontières, si âprement disputées jadis, perdirent progressivement de leur raison d'être et de leur prestige. A mesure qu'on s'habituait à les franchir pour les besoins réguliers du trafic, sciemment organisé, on s'est rendu compte qu'elles étaient purement conventionnelles, destinées à limiter les biens de chacun. D'autre part, tous les moyens ont été mis en jeu à l'effet de détruire les obstacles naturels, considérés jusqu'alors comme la plus efficace des sauvegardes. Et cela, dans l'unique objet de faciliter les relations entre voisins.

Ce mouvement de pénétration réciproque ne devait plus s'arrêter. Le cercle où l'humanité évolue s'est constamment élargi. Borné jadis à une infime fraction du globe, il embrasse maintenant l'univers entier, dont il absorbe successivement toutes les parties habitables. Et la terre s'est transformée en une vaste fourmilière où des hommes venus des points les plus éloignés, se rencontrent, se pressent, se coudoient, se bousculent, dépensant leur intelligence et leur énergie pour augmenter leur bien-être personnel et favoriser ainsi le rayonnement de leur patrie.

Car la richesse d'un pays — c'est-à-dire la valeur de son bien — dépend des rapports commerciaux qu'il voudra bien entretenir avec les étrangers. Elle est proportionnelle à l'importance des produits qu'il possède en excès, et au nombre des produits qui manquent aux autres. Il est à peine besoin d'ajouter que l'appoint de ces éléments naturels est considérablement augmenté par une exploitation habile, une organisation méthodique, une discipline sévère, attentive à grouper toutes les forces vers un objet précis : conquérir la première place sur le marché extérieur.

Ces relations de plus en plus intimes, ont fini par modifier la mentalité, jadis fermée aux influences du dehors, de chaque pays. Autrefois, on vivait entre soi, en famille, on se connaissait. Aucun effort de parole, d'attitude, n'était nécessaire entre gens de même origine, de goûts identiques, se comprenant à demi-mot. Mais, dès que s'établirent les premiers contacts amicaux avec les voisins, il fallut aussitôt se surveiller, se mettre en frais, chercher à comprendre pour les mieux séduire, ces inconnus qui différaient par le langage, le caractère, les habitudes. N'étaient-ils pas les fournisseurs, les acheteurs éventuels? Ce n'est pas tout de produire, il faut également présenter les produits sous un jour favorable. Un pays désireux d'élargir le cercle de ses affaires doit savoir attirer la clientèle, lui fournir l'occasion de prendre connaissance sur place des marchandises qu'il propose à son choix et dont il prétend lui prouver la supériorité. Et pour retenir cette clientèle défiante, sollicitée par des rivaux plus ou moins redoutables, il ne suffit pas de se montrer correct et empressé, il faut créer autour d'elle une atmosphère amicale, exempte d'arrière-pensée. L'étranger, naturellement porté à la réserve, sera d'autant plus tenté de traiter qu'il aura été mis en confiance par un accueil bienveillant, dépouillé de morgue, qui le charmera, lui permettra de se détendre, de se croire chez lui, au milieu de ses amis. L'amabilité, la prévenance, les égards, constituent les facteurs prépondérants dans le succès de toutes les entreprises commerciales. Ils sont de règle dans les relations intérieures. A plus forte raison doivent-ils s'appliquer aux clients du dehors, plus fréquemment renouvelés, plus difficiles à saisir,

Ainsi, la grandeur du pays ne dépendant que de l'étendue et de la cordialité des relations entretenues par lui avec ses voisins, quel est le meilleur moyen de lui prouver notre attachement, sinon en travaillant, dans la mesure de nos forces, à resserrer ces relations?

C'est une grave erreur de croire que nos sentiments patriotiques risqueraient d'être diminués par l'empressement que nous apporterions à bien recevoir les étrangers. Au contraire. Cette sympathie cordiale témoignée à ceux dont nous avons besoin pour prospérer ne fera que rendre plus vivace en nos cœurs l'amour de la patrie. N'est-ce pas contribuer à sa grandeur que de chercher à lui procurer des amis parmi les clients du marché universel qui, ayant à choisir entre nous et nos rivaux, viendront à nous et nous resteront fidèles si nous savons les conquérir?

Il convient donc, sous peine de vouloir condamner son pays à végéter dans l'isolement, d'abdiquer tout parti-pris de nationalisme étroit et mesquin, interpreté dans le sens que certains sectaires veulent lui donner.

Et ici se pose une question capitale, qu'il importe de résoudre avant d'aller plus loin. Qu'est-ce, au fond, que le nationalisme?

A vrai dire, ce n'est rien et c'est tout. C'est le sentiment que chacun doit professer à l'égard de sa patrie, et qui consiste dans la notion exacte du bien qu'il lui souhaite. Le nationalisme est donc un sentiment élémentaire, que chacun doit considérer comme un devoir sacré.

Comment nous acquitter envers le pays qui impose ce devoir? En nous efforçant d'augmenter sa puissance, car plus il sera grand et fort, plus notre droit sera grand et fort. Et comme cette puissance ne peut s'accroître que par les rapports avec les autres nations, notre devoir est de les multiplier et de transformer en amitiés véritables les relations purement commerciales.

Combien cette conception simple et juste, dépouillée de vaine littérature, et basée sur la notion exacte des réalités — qui seules comptent, en somme — est loin de ce nationalisme ombrageux et borné qui, sous prétexte de sauvegarder l'âme de la patrie, dont il se proclame le plus vigilant sinon l'unique champion, veut la maintenir à l'écart des grands mouvements et lui marchande la faculté, indispensable pourtant à son développement, de regarder au-delà des frontières!

Ce nationalisme, il s'est révélé en ces dernières années sous deux formes, qui ont fait, comme on dit, leurs preuves : la forme passive, silencieuse, timide; la forme agressive, brutale, arrogante. Toutes deux néfastes, allant à l'encontre du but poursuivi. Celui-ci évite de se montrer, de prendre ouvertement parti, il prêche l'abstention, la prudence, le retour aux vieilles traditions.

Ce n'est pas à lui qu'il faut parler d'émancipation, de libération, de progrès! Quiconque ose signaler les voies où s'engagera l'avenir et attirer de ce côté l'attention, est un visionnaire qui ne mérite aucun crédit, un dangereux utopiste, grisé par les théories du dehors, dont « le clair bon sens » de notre race fera promptement justice. Car, ne nous trompons pas, restons bien ce que nous sommes, ne nous inquiétons pas de ce que font les autres. Chacun a sa mission en ce monde. Celle de la France, c'est d'être le flambeau du genre humain. Donc, gardons-nous bien de la « superstition de l'étranger », soyons circonspects, avisés, prudents, fermons les portes et les fenêtres et souvenons-nous que pour un peuple qui veut durer, comme pour un individu qui veut vivre, la première condition c'est d'être « soi-même ». Et l'on invoque l'esprit français qui est éternel, et l'on conclut par ce candide aveu : « D'ailleurs nos qualités sont, grâce à Dieu, aussi incorrigibles que nos défauts... »

Cependant, le nationalisme tapageur élève la voix. Il crie, tempête, invective, excommunie, dénonce comme de mauvais patriotes ceux qui ne souscrivent pas à son programme — et à ses guichets. Celui-là ne se borne pas à se défendre, il attaque. Son rôle consiste à proclamer systématiquement, sans mesure, toutes les qualités et rien que les qualités du pays, et à cacher systématiquement, contre toute évidence, les défauts qui en sont la rançon obligée, la perfection, chacun le sait, n'étant point de ce monde.

Si ces adeptes s'en tenaient là, on sourirait de leurs rodomontades. Mais leur parti-pris féroce les entraîne fatalement à nier les qualités, pourtant réelles, des étrangers. Or ces étrangers, trop nombreux jadis en cette France trop empressée, disent-ils, à leur ouvrir l'accès de ses Facultés et à leur conférer la grâce incomparable de sa culture si fine et si profonde, ils ne les connaissent pas, puisqu'ils ont toujours tenu en suspicion ces indésirables, considérés comme des intrus et non comme des hôtes dont l'affluence constitue, à elle seule, un hommage. Comment jugeraient-ils le véritable caractère de ces gens qu'ils ont tant contribué, par leur intransigeance, à éloigner de notre pays au génie si rayonnant, pour en faire les clients et les admirateurs d'un concurrent prompt à tirer parti de nos fautes?

Quel objet poursuit ce nationalisme étroit et hargneux? Suffit-il de proclamer une qualité pour qu'elle existe? Est-ce en niant ses défauts qu'on les supprime? Ne les aggrave-t-on pas, au contraire, par le seul fait qu'on s'imagine en être exempt? Que penserait-on d'une mère acharnée à prouver que nul enfant au monde n'est supérieur en intelligence au sien? Malgré le respect dû à une tendresse naturellement partiale, on sourirait de ses prétentions, comme on sourit de la vanité d'un comédien narrant ses bonnes fortunes, d'un écrivain proclamant le mérite de son dernier « chef-d'œuvre, » sévèrement apprécié par la critique. Comment prétendre continuer à duper indéfiniment les esprits ouverts chaque jour d'avantage à la clarté des événements? Cette supériorité, tant prônée, est-ce par des paroles ou par des actes qu'il faut la montrer?

Le nationalisme conçu comme une doctrine est dangereux parce qu'il est contraire à la marche même du progrès qui nous pousse de plus en plus aux rapports avec les étrangers, qui tend à fondre les caractères, à les unifier, à créer, de tous ces éléments disparates, une âme collective moyenne.

Le mot : humanité n'est-il pas significatif à cet égard? N'implique-t-il pas l'existence d'un fonds de sentiments communs à tous les peuples, sentiments essentiels, éminemment nobles? Et n'est-ce pas là une magnifique conquête sur l'étroitesse d'esprit d'autrefois qui, même dans les limites du pays, n'accordait pas un traitement identique à tous les citoyens?

D'ailleurs, rien ne sert de discuter, de se plaindre, de chercher des leçons et des consolations dans le passé que nous connaissons si mal et que nous jugeons fatalement d'après nos idées personnelles. Les faits sont là; ils doivent dicter notre attitude.

Un peuple qui prétendrait vivre isolé, se développer d'après son rythme propre, conserver intacte sa mentalité d'autrefois, qui s'obstinerait dans une attitude défiante à l'égard de ses voisins et n'entretiendrait avec eux que des relations d'affaires, contraintes et forcées, un tel peuple est appelé, malgré la nature et la force de son génie, à disparaître tôt ou tard, au même titre qu'une famille qui ne sortirait jamais, ne recevrait personne, resterait confinée en son coin et qui s'imaginerait pouvoir tirer sa subsistance des ressources, jamais renouvelées, des siens.

Tout se ramène donc à une question purement économique : le seul moyen pour un pays de s'enrichir, c'est d'attirer les étrangers chez lui afin d'exporter le plus possible ses produits.

Le nationalisme n'est pas, ne doit pas être le monopole d'un parti politique. C'est un état d'âme commun à tous les honnêtes gens qui aiment leur pays, le veulent puissant et riche, et le servent dans la mesure de leurs moyens, sans phrases, en suivant leur instinct et non un programme, et ne réclament pas plus une prière pour affirmer leur foi qu'une formule pour montrer leurs sentiments patriotiques.

Car il faudrait bien s'entendre enfin sur la signification de ce mot, détourné de son sens véritable, proféré par les uns comme une insulte, revendiqué par les autres comme un titre de gloire.

De deux choses l'une, en effet : ou bien nationalisme signifie — et nous le pensons —

amour de la nation, et alors c'est faire gratui-
tement injure aux citoyens de croire qu'une
minorité bruyante a seule le droit d'accaparer
ce sentiment naturel et d'en tirer profit; ou
bien il signifie une doctrine particulière, une
façon erronée d'envisager les rapports de son
pays avec les autres, et alors c'est la conception la plus dangereuse, la plus fausse, la plus
opposée à l'évolution même de l'humanité qui
tend vers le rapprochement des peuples et leur
collaboration en vue de l'œuvre commune de
la civilisation.

D'ailleurs, en supposant le nationalisme
uniquement inspiré par l'amour désintéressé
de la patrie, nous avons le droit de lui demander s'il est bien avisé dans le choix des moyens
qu'il préconise, à grand fracas, pour réaliser

une tâche si simple, à la portée du premier venu.

Compte-t-il réussir en cherchant d'une part à développer chez ses concitoyens la haine systématique à l'égard des « étrangers », et d'autre part à semer dans le cœur de ces « étrangers » cette même haine envers un peuple essentiellement aimable, réputé depuis toujours pour ses traditions de politesse et d'hospitalité, et dont l'invincible puissance de séduction était reconnue par ses pires ennemis ? Car, en dépit de leurs bonnes intentions, hautement proclamées, c'est à ce résultat négatif qu'aboutirait l'intransigeance des sectaires.

Certes, la haine existe, au même titre que l'amour, dont elle est exactement l'opposé. Ces deux forces s'équilibrent. À chaque degré de l'une correspond un degré de l'autre ; et s'il était possible d'établir une échelle en prenant pour zéro l'indifférence, et d'évaluer les degrés par des chiffres, chacune d'elles trouverait sa réplique exacte au-dessus et au-dessous de ce zéro.

La haine poussée à l'extrême est, comme l'amour, un état anormal, dû à une cause strictement individuelle. On hait celui qu'on connaît personnellement et qui vous fait souffrir, physiquement ou moralement. Et cette haine sera d'autant plus violente qu'elle aura été provoquée ou précédée par une affection plus intense. Plus nous avons aimé, plus nous pouvons haïr. Enfin, elle dépend de l'étroitesse et de la fréquence des rapports, et s'entretient par le contact. Loin des yeux, loin du cœur, affirme un vieux proverbe.

C'est dire qu'elle sévit dans tous les milieux et qu'elle n'épargne même pas ceux qui lui semblent les plus hostiles. Combien de familles dont les membres sont complètement d'accord et que nulle question d'intérêt n'a jamais séparées? Est-il beaucoup de groupements, de corporations, de sociétés, capables de résister aux multiples suggestions que le désir d'évincer, de surpasser, de dominer, fournit à l'ambition effrénée de certains? En dépit des phrases par quoi les humains aiment à se griser mutuellement, le lien social qui les unit est bien fragile, prêt à se rompre dès que les convenances personnelles sont en jeu. Un mot trop vif, un geste inconsidéré, une allusion pas assez voilée, et les amis d'hier peuvent se tourner les uns contre les autres, et les malentendus qu'une explication loyale auraient dissipés s'aggravent, envenimés par les propos déformés, les commérages grossis à souhait, les racontars colportés de bouche en bouche, — et sur ces petites choses insignifiantes c'est une grande chose mauvaise qui pousse comme une fleur monstrueuse : — la haine.

Et l'on voit des familles divisées en deux

groupes irréductibles qui ne se connaissent plus, ne se saluent plus ; des frères brouillés à mort après des années d'intimité ou de collaboration ; des voisins acharnés à se disputer un bout de terrain, des concurrents consumant leur existence en ruineux et stériles procès ; et les plus calmes bourgades si placides d'aspect, où le citadin fiévreux souhaiterait venir se délasser sous l'orme du mail, transformées par les querelles politiques ou religieuses ou simplement locales en deux camps féroces, uniquement préoccupés de se nuire mutuellement.

Quant à la haine entre classes, elle prend bien vite, dès qu'elle se manifeste avec éclat sous le choc d'événements, la forme et la netteté d'un sentiment individuel dressant deux hommes l'un contre l'autre — le riche et le pauvre — de chaque côté de la barricade.

***

Chercher à développer un pareil sentiment entre particuliers et entre classes serait certes une mauvaise action qu'on nous reprocherait avec raison. Encore dans ce cas, aurions-nous l'excuse d'une réalité qui existe en dehors de nous, s'affirme spontanément et échappe ainsi au contrôle de notre volonté.

Mais nous perdons tout droit à cette excuse dès qu'il s'agirait d'attiser la haine entre peuples, car elle n'a point d'existence propre, elle est un état d'esprit créé pour les besoins d'une cause, elle est, en un mot, purement artificielle. Donc elle dépend de nous. En temps normal, les citoyens de chaque pays, pris à part, l'ignorent. Cela se conçoit. Ils ne se connaissent en effet que de réputation, sous un aspect déformé par la légende, faussé par la littérature, le parti-pris. Ils vivent sous des cieux différents, asservis à des conditions matérielles différentes. Comment pourraient-ils se comprendre, se deviner ? Chacun travaille et s'épuise dans son petit coin pour augmenter son bien-être; plus justement alarmé de la concurrence immédiate et directe du voisin rencontré chaque jour; que des faits et gestes d'un « ennemi » qu'on lui représente sans cesse prêt à se dresser contre lui, mais qu'il ne voit jamais, qu'il soupçonne à peine, et dont il n'a en principe, jusqu'à nouvel ordre, aucune raison de se plaindre.

Il ne faut rien exagérer cependant. Si en temps de paix la haine aveugle à l'égard des étrangers est l'attitude la plus nuisible aux véritables intérêts du pays — lequel doit, avant tout, se faire aimer — en temps de guerre ce sentiment se justifie à l'égard de ceux qui vont, du jour au lendemain, répandre sur ses enfants la ruine et le deuil.

La veille de la déclaration des hostilités, les citoyens des pays appelés à se ruer l'un sur l'autre pour des motifs qu'ils ignorent généralement vivent paisibles chez eux, évoluant librement au milieu de leurs compatriotes, peut-être même en relations d'affaires ou d'amitié avec des citoyens appartenant à la nation destinée à devenir l'ennemie. Et voilà qu'il leur faut, immédiatement et sans délai, s'arracher à leur foyer, quitter leurs occupations et leurs travaux, abandonner ce qu'ils ont de plus cher au monde pour courir défendre la patrie menacée ou envahie déjà par ces gens dont ils ne se souciaient pas jusqu'alors, et qui subitement, deviennent un danger.

Comment chacun ne se sentirait-il pas soulevé par une indignation, une colère, une rage contre le déchaînement de cette force brutale qui s'abat sur le pays? Et d'un bout à l'autre du territoire, dans le cœur des hommes qui vont combattre et dans celui des femmes vouées aux pires angoisses, s'éveille spontanément, avec la rapidité foudroyante et l'uniformité d'un mouvement réflexe, automatique, cette haine profonde, concentrée qui, multipliée par la contagion, surexcitée par les discours, exaspérée par l'attente, s'élève au plus haut degré d'exaltation, et s'y maintient, devenant ainsi l'aliment indispensable à la vie même de tout un peuple tendu, corps et âme, vers un seul but : l'écrasement de l'ennemi.

Cette haine, d'autant plus violente que spontanée, est en quelque sorte la protestation de l'instinct de la conservation. C'est dire qu'elle est appelée à s'évanouir avec la même spontanéité, dès qu'il cesse d'être en jeu. Pareillement, l'amour collectif créé entre peuples pour des raisons purement politiques. Il ne joue aucun rôle dans ces manifestations organisées en vue d'un objet précis qui échappe à la masse, et dont elle s'amuse uniquement à cause des réjouissances populaires qui les accompagnent. Rien de profond, de solide en tout cela.

**

Remettons donc à la nature le soin de régler elle-même la progression des sentiments qu'elle nous a donnés. Elle ne se trompe jamais. N'intervenons pas maladroitement pour corriger son œuvre. Laissons s'éteindre ce qui doit s'éteindre, ne soufflons pas sur le feu. C'est ainsi que nous montrerons notre valeur de civilisés.

Au nom du nationalisme vrai, évitons par notre modération, notre bon sens, notre logique et notre prévoyance, de semer et d'entretenir parmi nos compatriotes un sentiment vil, éminemment destructeur, et dont les conséquences sont si néfastes.

En effet, la haine, à force de se concentrer dans l'organisme, finit par s'y incorporer. Elle l'empêche de s'épanouir, elle le place en dehors des conditions nécessaires au développement, elle le ronge, elle est un véritable mal.

Et non seulement elle rend impossible dans l'avenir tout rapprochement éventuel avec les adversaires d'autrefois qui sont prêts à redevenir les ennemis de demain, mais encore elle tient le pays à l'écart des alliances avec d'autres pays, justement enclins à se défier d'un associé aussi attaché à la rancune.

Et c'est ainsi que la haine crée l'irréparable.

Quelle chance de durée pourrait-on attribuer à un pacte conclu entre deux peuples rapprochés seulement par un intérêt passager, et qui, au fond, n'ayant jamais cessé de se haïr, sont disposés, à la première occasion, à se jeter l'un sur l'autre.

*
* *

Or, si la guerre est une chose monstrueuse, et si tous nos efforts et tous nos sacrifices doivent tendre à l'arrêter pour ramener le plus vite possible l'avènement de la paix, n'est-il pas conforme à la logique et à l'intérêt de rendre cette paix solide, sûre et durable ?

Nous savons que les sentiments collectifs, abandonnés à leur développement propre, sont fatalement appelés à se dissoudre spontanément, à se volatiliser, car ils sont superficiels, légers, sans racines. En revanche, la pression continue, par des moyens habiles, parvient à les fixer dans un sens ou dans l'autre. Elle crée en effet une atmosphère de fièvre autour des individus, elle les grise, les étourdit, et, en leur enlevant le temps nécessaire à la réflexion, elle les transforme en des automates hantés par une idée fixe qui les fanatise et qui finit presque par devenir leur raison d'être.

Certes, cette pression varie selon la mentalité des groupes d'individus et leur degré de crédulité. Les êtres bien trempés, habitués à la réflexion, qui consultent fidèlement leur conscience devant chaque cas particulier et n'agissent que dans le sens prescrit par elle, conservent intacte leur personnalité et demeurent réfractaires à toute influence ambiante tendant à leur imposer une manière de voir que réprouveraient leurs principes.

Mais cette haute faculté de contrôle n'appartient qu'à une minorité. Même parmi ceux qui constituent l'élite intellectuelle d'un pays, il est facile de constater que ce juge infaillible et vigilant fait généralement défaut, et que les actes les plus graves, ceux qui engagent le plus la responsabilité morale, sont souvent, hélas, exclusivement dictés par l'ispiration du moment.

*
* *

Ce regrettable état de choses s'explique aisément. Le progrès de la civilisation ne s'est efficacement manifesté jusqu'à ce jour que dans le domaine de l'instruction, s'attachant à libérer peu à peu les masses, maintenues si longtemps sous le joug par la minorité audacieuse et intelligente qui dirigea seule et sans contrôle, pendant des siècles, les destinées de ce pauvre monde. L'œuvre ainsi réalisée dans l'univers est immense. Aucune limite, sinon celle de leurs propres capacités, n'arrête plus aujourd'hui l'élan des mieux doués vers les plus hautes situations. Et l'humanité peut à bon droit se féliciter des résultats obtenus qui lui permettent, en échange des sacrifices consentis, d'utiliser pour le bien général tant de forces jadis perdues.

L'instruction n'est pas, évidemment, et ne doit pas être la même pour tous, puisque tous ne poursuivent pas le même but. Elle comporte des degrés et des modes différents selon le rang social, les besoins, les convenances personnelles, les goûts, la valeur des sujets. Un point n'en reste pas moins acquis : quelles que soient son étendue, ses prétentions et ses qualités, elle repose sur une assise solide, autrement dit elle est basée sur un programme officiellement établi par les pouvoirs publics, longuement mûri, judicieusement adapté aux phases de l'évolution, et qui s'efforce de répondre à toutes les exigences et de satisfaire toutes les aspirations.

Il s'en faut, malheureusement, que l'éducation — j'entends l'éducation morale et non pas la civilité puérile et honnête — ait bénéficié d'un pareil traitement. Elle n'existe pas, à vrai dire, en tant qu'institution. Elle est un mot, un grand mot, que chacun comprend certes, mais qui ne représente rien de précis, de certain. Aucun enseignement officiel n'a été institué à l'effet d'en répandre les éléments dans les foules. Les parents s'efforcent bien d'infuser et de transmettre à leurs enfants les bons principes qu'ils croient avoir acquis par leur expérience personnelle. Et ils s'en acquittent avec beaucoup de tendresse, beaucoup de zèle.

Mais peut-on dégager de ces enseignements donnés au jour le jour, au gré des circonstances, une méthode qui s'appliquerait invariablement à tous les cas ? Dans cette tâche délicate et absorbante qui exige des soins constants, une surveillance jamais en défaut, c'est l'instinct qui les guide, et non la raison. Ils ont d'ailleurs la conviction absolue que leur seul exemple doit suffire pour modeler à leur image ces chers petits, qui se développent sous leurs yeux dans l'atmosphère intime du foyer, et dont ils sont si fiers.

Et si vous ajoutez que l'influence de la famille s'exerce alors que les enfants sont en bas âge, donc pas encore en état de s'assimiler le sérieux et la gravité de ces principes, et que, de plus, elle cesse de rayonner dès que les enfants, grandis, commencent à sortir, à évoluer dans d'autres milieux qui les impressionnent, vous comprendrez combien mince et léger est l'héritage moral placé par les parents entre les mains de leur progéniture, et combien la société est coupable de n'avoir pas mis à la disposition de ces débutants, — ces futurs citoyens, — une méthode rationnelle et rigide qui apporte la solution de tous les problèmes vitaux en une réponse nette, immédiate et infaillible.

Certes, il est indispensable de fournir à chacun de nous une arme qui nous permette de vivre, c'est-à-dire de lutter efficacement, par le travail, et ce sont les efforts répétés du génie humain qui réalisent ce but chaque jour davantage, grâce à l'instruction de plus en plus perfectionnée.

Cet idéal une fois atteint, n'est-il pas nécessaire, afin de conférer à l'individu une personnalité complète, de lui procurer dans le sens moral une arme équivalente, qui lui permettrait de vivre d'une façon consciente, et de lutter ainsi victorieusement contre toute atteinte à sa dignité ?

Nous devons nous attacher de toutes nos forces à développer en nous les bons sentiments, parce que seuls ils représentent la santé, l'harmonie, seuls ils maintiennent l'être en accord avec l'ordre universel, seuls ils affirment, seuls ils créent. Le calme, la sérénité, la maîtrise de soi-même, la notion exacte de notre valeur personnelle et de la place occupée par notre patrie dans le monde, voilà les vertus que nous devons cultiver, et qui feront de chacun de nous un être digne, équitable, inaccessible à la passion et à la crainte, et en mesure d'atteindre sûrement, sans défaillance, les ambitions assignées à son activité.

En revanche, bannissons de nos cœurs, afin d'en sauvegarder la pureté, tous les sentiments mauvais, qui prêchent le mal pour le mal, et qui tendent vers la négation, vers la destruction, vers la mort. Soyons impitoyables à leur égard. Mettons notre orgueil et notre grandeur d'âme à les tuer dans le germe. Mieux vaut, dit-on, prévenir que guérir. Purifier l'individu, purifier la société, tel doit être l'unique but de la nation.

Et de même que tout être qui vit au jour le jour en perdant de vue l'essentiel, est appelé à végéter et à finir misérablement, de même tout espoir de progrès est refusé au peuple frivole ou corrompu qui prétendrait s'affranchir de la loi morale et s'abandonner sans réserve aux seules suggestions des sens.

La haine, c'est un dernier restant d'animalité ; c'est le réflexe brutal de l'instinct qui réagit et cherche à se venger. Autant elle est naturelle quand, éclose spontanément des circonstances, elle s'attaque à un implacable ennemi qui ne recule devant aucun moyen pour satisfaire ses cruels appétits, autant elle est dangereuse lorsque, en pleine paix, sans provocation, elle tend à devenir l'attitude normale d'un pays méfiant et ombrageux, obsédé par le spectre de « l'étranger » détesté uniquement parce que « étranger ».

Il faut donc, répétons-le, chasser ce démon de notre cœur ; et puisque le calme est indispensable pour permettre aux peuples comme aux gens de bien diriger leur vie et de jouir de leur travail, ne serait-il pas plus conforme à la

sagesse de propager ces conseils de modération, et de substituer progressivement à la
haine stérile qui épuise et isole, une impartialité
équitable et courtoise qui, en facilitant les relations entre pays, les mettrait à l'abri des malentendus ?

A quoi bon nous exciter les uns contre les
autres et nous raidir dans une attitude agressive,
alors que nous sommes tous voués à la même
existence, intéressés au même but, alors que
nous avons été mis au monde pour vivre et
nous supporter mutuellement, et non pour
nous entre-tuer ?

***

Il est évident que si, malgré la bonne volonté
des gouvernants, un conflit devait s'envenimer
au point de rendre la guerre inévitable, le premier sentiment qui se lèvera dans l'âme du

peuple injustement attaqué sera l'indignation, une indignation folle, aveugle, déchaînée avec la rapidité de l'éclair.

Menacé dans sa vie et dans ses biens, averti par l'instinct de la gravité de l'heure, il mesurera immédiatement l'étendue des sacrifices nécessaires pour opposer à l'ennemi une défense efficace, conforme aux ressources dont il dispose.

Les combattants, ceux qui se trouveront les premiers en face de l'agresseur, confiants dans la justice immanente, soutenus par un patriotisme réfléchi, conscient — le vrai patriotisme — et forts des principes de l'éducation morale étroitement assimilée, mettront sans hésitation, sans regret, leur vie à la disposition du pays. Ils emploieront toutes leurs forces pour sauvegarder le patrimoine commun, destiné à être transmis intact entre les mains de leurs enfants, et disputeront pied à pied à l'envahisseur, jusqu'à la dernière goutte de leur sang, la terre des aïeux.

Et pendant qu'ils feront leur devoir sur le champ de bataille, leurs frères de l'arrière auront deux tâches sacrées à remplir : aider intelligemment, sans une minute de négligence, les combattants en leur fournissant tout ce qui leur sera nécessaire afin que leurs moindres gestes soient utiles et efficaces ; — et par les moyens appelés diplomatiques, en se guidant sur le bon sens et la logique, sans rien abdiquer de leur dignité, sans jamais se départir de leur sang-froid, s'efforcer d'abréger le plus possible les hostilités..

Et s'ils peuvent, grâce à leur aide habile et dévouée, arriver à épargner ne fût-ce qu'une existence humaine, ils devront s'y appliquer de tout leur zèle, sous peine de commettre un véritable crime.

CHAPITRE V

DIPLOMATIE — ARMÉE

Comme nous l'avons montré plus haut, la défense du pays, en temps de paix, est assurée par la diplomatie, et sa défense en temps de guerre, par l'armée.

Les rapports internationaux devenant de plus en plus intimes et répétés, la nécessité s'est imposée de les soumettre à des règles très précises afin de diminuer les chances de conflit. A cet effet, chaque pays accrédite officiellement auprès des autres des représentants chargés de maintenir la cordialité des relations d'ordre moral. Ils constituent le corps diplomatique. Nous ne parlerons pas des agents consulaires dont le rôle exclusivement administratif est de veiller à la correction des relations commerciales et de protéger les nationaux contre les abus.

Dans le vocabulaire courant, le mot diplomate a un sens très net. Il évoque des dons exceptionnels de finesse, de pénétration, de prudence, d'habileté, liés au calme de la parole et à la dignité de l'attitude. Le diplomate est l'homme infiniment distingué de tenue et de langage, sobre en ses propos et en ses gestes, qui parle peu, observe beaucoup, sait écouter et conserve dans les heures les plus difficiles une parfaite maîtrise de soi-même.

Au point de vue professionnel, le diplomate est l'unique lien moral entre deux pays.

Officiellement délégué, il est chargé de veiller sur les intérêts de son pays, de le renseigner sur les moindres nuances de l'opinion, de mettre au point, de résoudre le plus vite et le plus habilement possible les innombrables petites questions, si grandes parfois par leurs conséquences, posées à chaque instant par le cours même des événements.

Un personnage de cette envergure, investi d'une mission dont dépendent le repos et l'existence de milliers, de millions d'êtres humains, doit donc, pour répondre au but assigné des deux côtés, — par ceux qui l'envoient et ceux qui le reçoivent — posséder un ensemble des plus hautes qualités intellectuelles et morales. A une vaste et riche intelligence capable de comprendre, d'assimiler, d'approfondir, d'interpréter, au prestige d'une brillante situation personnelle lui permettant de maintenir avec aisance les traditions de faste et de courtoisie dont s'honorent, avec raison, les plus petits États, à une intégrité défiant l'ombre d'un soupçon, bref aux multiples dons les plus rares constituant « l'honnête homme », il devra joindre cette vertu essentielle, fondamentale : l'impartialité.

Aucun préjugé, aucune susceptibilité, aucune considération étroite et mesquine ne doivent influencer la sérénité de ce juge loyal et rigoureux, de cet arbitre inaccessible à la passion qui trouble, qui aveugle. Celui-là seul remplira pleinement sa tâche qui, sachant maintenir constamment l'équilibre de son jugement, pourra en son âme et conscience se considérer, pendant la durée de sa fonction, comme un personnage neutre, qui serait en quelque sorte autant l'ami des deux pays en cause.

N'est-ce pas là une manière d'obligation sacrée contractée envers les deux pays qui l'ont honoré de leur confiance, le premier en le chargeant de le représenter auprès du second, le second en l'accueillant comme le digne représentant du premier? Et c'est pourquoi tous ses efforts seront dirigés vers un seul objet : développer chez ses hôtes le respect et l'admiration de sa patrie, en leur donnant l'impression de professer à leur égard une amitié sincère.

Un collaborateur aussi précieux, une fois installé dans le poste convenant à ses aptitudes et à ses goûts, devrait, en outre, y accomplir toute sa carrière, sans être même effleuré par les fluctuations de la politique intérieure de son pays. La continuité est indispensable en effet à l'œuvre de longue haleine qui exige d'être menée jusqu'au bout par le même homme, disposant de pleins pouvoirs, et se sachant à l'abri des intrigues qui pourraient, pendant qu'il travaille, l'arracher brutalement à sa

tâche et la ruiner au moment où le succès allait
la consacrer.

Investi d'une double, confiance, il profitera
de son séjour prolongé pour étendre à l'infini
ses relations, pénétrer dans les milieux les
plus divers, les plus hostiles, et cela non pas
afin d'exploiter la situation, de surprendre
des secrets, d'arracher des confidences, en un
mot de chercher à envenimer les relations,
mais au contraire afin de les rendre plus
étroites, plus cordiales, de gagner le plus
possible d'adhésions à sa patrie, en effaçant,
grâce à l'ascendant de son autorité personnelle,
les malentendus engendrés par l'ignorance et
entretenus par la tradition. Bref, il fera aimer
son pays à travers lui-même.

Ainsi, créé et développé par l'action continue
de ses représentants habiles et consciencieux
assurés de pouvoir remplir jusqu'au bout et
librement leur mandat, s'établirait entre les

peuples un réseau d'amitiés réelles qui, ren-
forcées de jour en jour, devraient arriver à
rendre les conflits presque impossibles.

Cependant, le corps diplomatique, en dépit
de son mérite et de son dévouement, peut se
heurter à des difficultés qui échappent à la
clairvoyance la plus attentive.

Et il suffit parfois du plus banal incident,
démesurément grossi par la malveillance et
interprété comme une provocation, pour
détruire d'un coup l'œuvre si patiemment éla-
borée pendant des années, et qui semblait en
mesure de braver tous les orages. Et la guerre
peut éclater.

Voilà le diplomate brusquement arraché à
sa tâche. Il prend congé de ses hôtes et rentre
dans son pays qui le rappelle.

Quelle sera son attitude, une fois de retour?

Les deux pays, dont les relations hier encore étaient empreintes sinon d'une véritable amitié, du moins d'une courtoisie largement suffisante pour en assurer la parfaite correction, sont désormais deux ennemis dressés l'un contre l'autre, et qui ne se connaissent plus.

Il semblerait donc, à première vue, que les sentiments personnels du diplomate soient appelés à se transformer du jour au lendemain avec la même rapidité.

Or, s'il n'est pas difficile de deviner dans quel sens peuvent ou doivent se modifier les sentiments d'un homme à qui nous attribuons des qualités d'un ordre aussi rare, un fait est certain : ce n'est pas le hasard qui provoquera cette modification, car si quelqu'un au monde peut, en son âme et conscience, se dire exactement renseigné sur la vraie cause du conflit, donc capable de discerner à qui en doit incomber la responsabilité — à son pays ou bien à l'ennemi, — c'est certainement lui, qui a suivi de près la marche de ces événements, précipités malheureusement contre son gré.

Si la guerre devait devenir un état, et remplacer définitivement la paix, le diplomate aurait terminé sa carrière, et ses sentiments personnels n'auraient pas pour nous plus d'importance que ceux de la masse, où désormais ils sont noyés.

Mais la guerre n'est qu'un cataclysme qui s'use par sa violence même et qui ne peut se prolonger au-delà d'un certain temps. Ses conséquences sont si effrayantes que sa durée se compte par jours et non par siècles. Elle doit donc être considérée non comme un état permanent, mais comme une anomalie temporaire.

Le diplomate n'est évidemment plus qualifié pour jouer son rôle dans les mêmes conditions.

Cependant, le poste si plein de responsabilités où le plaça la confiance de son pays, il ne l'a occupé avec une telle maîtrise qu'au prix de maintes qualités supérieures. Ces qualités, pourquoi renoncerait-il à les utiliser, sous prétexte qu'elles s'exerceraient d'une façon différente? Pourquoi se départirait-il de cette haute et sereine impartialité qui caractérise précisément sa fonction?

Il a connu le pays actuellement en guerre avec le sien, il y a vécu pendant de longues années, il l'a observé, étudié, comparé, il y a noué des relations, contracté des habitudes, laissé en un mot un peu de lui-même. Mieux que personne il est capable de le juger sainement, en toute indépendance, sans parti-pris, d'apprécier à leur valeur ses qualités et ses défauts, sa force et sa faiblesse.

Ne doit-il pas mettre à profit son expérience — et cela dans l'intérêt supérieur, bien com-

pris, de son pays — en restant impassible au
au milieu de la tourmente.

Il s'est efforcé, pendant la durée de sa mission, si intelligemment remplie, de se montrer
un représentant loyal et juste, incapable de céder aux suggestions du sentiment, uniquement
soucieux de travailler au rapprochement des
peuples également intéressés au maintien de
la paix. Eh bien, il restera aujourd'hui ce qu'il
était hier, et tout en déplorant le désastre qu'il
aurait tant voulu empêcher, il sera en mesure
de porter sur les événements un jugement correct et droit, qui sache discerner, sous les exa-
gérations fatales, les réalités.

Pendant que l'élément le plus jeune et le plus
solide de la nation se précipite pour défendre
le sol de la patrie contre l'envahisseur, pen-

dant que des chefs habiles et valeureux, préparés de longue date à ce grand devoir, se mettent à la tête des troupes galvanisées par leur exemple, pendant que les gouvernants, expression même de l'opinion populaire, s'ingénient à la tâche toute nouvelle de résoudre sur place, sans retard — et sans hâte — les innombrables problèmes économiques issus des circonstances et dont dépend la vie du pays, pendant que chacun s'active et s'empresse selon son âge, ses aptitudes et son rang pour amener le plus vite possible la fin de l'horrible crise, il convient que le diplomate, fort de son expérience acquise et se rappelant que tout, en ce monde, a un commencement et une fin, tourne vers l'avenir encore obscur un regard clairvoyant et ferme.

Au milieu de l'exaltation générale, parmi les cris de mort et de vengeance proférés par une foule dont l'exaspération a besoin de s'expri-

mer violemment, il doit à sa patrie qu'il aime
et qu'il veut servir, il doit au monde qui observe et compare, d'éviter les écarts de paroles
et de gestes, absolument inutiles d'ailleurs, et
qui auraient simplement pour effet d'altérer la
pureté de la cause si vaillamment défendue.

Tout en rendant un légitime et pieux hommage aux souffrances et aux misères causées
par l'horrible fléau, il saura, au lieu d'attiser
des fureurs déjà suffisamment excitées, trouver
à propos la parole apaisante, bienfaisante, qui,
imprégnée de son autorité morale, sera efficace.

Car ce qu'il faut arrêter à tout prix, c'est
l'irréparable. Un coup porté par une arme
provoque une blessure qui peut guérir. Mais
il y a des phrases maladroites, mal dites, mal
comprises, — qui tuent.

Alors le tact, la modération, la prévoyance,
ces belles qualités qu'il a vainement employées
pour empêcher la guerre, lui serviront du moins

pour en atténuer les effets. Et il s'attachera de plus en plus à ce rôle supérieur d'arbitre, de juge, qui fut en temps de paix, l'honneur de sa carrière. Il voudra conserver indemne, au milieu de la tempête, la dignité de sa patrie qui lui est si chère. Il voudra montrer à l'adversaire lui-même qu'il n'est pas aveuglé par la rage, qu'il garde en dépit des injures et des provocations sa parfaite clairvoyance, sa tenue, qu'il reste fidèle aux traditions de son passé, qu'il ne s'abaissera jamais à l'emploi de certains moyens réprouvés par sa conscience, et que, s'il blâme énergiquement les excès de l'ennemi, il ne peut s'empêcher de le juger avec la même haute et sereine impartialité dont aucun être civilisé ne doit jamais se départir.

Si, en temps normal, le diplomate consacre son zèle et son activité au maintien de la paix,

l'armée est là, passive, prête à remplir son devoir pour sauvegarder le prestige et la sécurité
du pays.

On peut la définir : une force destinée à défendre la richesse au moyen des armes. Elle se
compose d'un nombre déterminé de citoyens
qui, volontairement ou obligatoirement, sont
chargés de cette tâche par l'État qui, en échange
des lourdes responsabilités qu'elle comporte,
assume leur entretien et leur rétribution.

Envisagée en soi, l'armée mène une existence à part. Elle ne produit rien, ne contribue
en aucune façon à l'accroissement du patrimoine commun. Elle forme, dans l'organisme
social, un élément à part, ayant sa vie propre,
réglée d'après une discipline particulière, rigoureuse, et se distinguant par un uniforme.
La personnalité de l'individu, une fois incorporé, ne se révèle plus que par certains détails
extérieurs du vêtement.

Est-il besoin d'ajouter que, en temps de paix, l'armée travaille d'après un programme nettement défini, fort copieux, constamment grossi et modifié par le renouvellement des méthodes dont elle doit suivre, avec une attention jamais en défaut, l'évolution rapide. Et, dans le silence de son labeur patient et acharné, tenue, semble-t-il, à l'écart des polémiques engendrées par la passion, elle s'entraîne infatigablement à s'assimiler la maîtrise absolue du grand rôle qui lui incombera le jour où les destinées nationales pourraient être mises en jeu.

L'État ayant seul le droit et le devoir de déterminer l'importance de cette force armée, on pense bien qu'il ne soumet pas cette appréciation à des décisions de pure fantaisie ou de caprice. Il établit ses calculs sur une base presque mathématique, laquelle est la question économique, c'est-à-dire la richesse du pays.

C'est ainsi que la puissance économique fait

grandir à ses côtés la puissance militaire qui devient sa véritable collaboratrice et, la déchargeant du soin de veiller elle-même sur ses trésors, lui permet d'en augmenter la production et d'en savourer la jouissance.

Si la richesse était le seul élément à considérer, rien ne serait plus facile, pour chaque pays, que de fixer exactement, d'après une estimation logique, quasi-infaillible, le degré de force qu'il lui convient de donner à son armée. Tout au plus de légères variations dans la richesse entraîneraient-elles des variations équivalentes dans la constitution de l'armée. Ce qui serait sans aucune importance.

Certes, un tel calcul aurait sa raison d'être si le pays n'avait à envisager qu'un adversaire déterminé. Car alors il serait en mesure de le suivre à travers ses étapes successives, et de répondre par une riposte immédiate à ses moindres mouvements. Et l'équilibre se maintiendrait ainsi de lui-même, automatiquement.

Mais s'agit-il toujours d'un adversaire déterminé? Les ennemis « éventuels » sont nombreux.

Quel est celui qui, demain, surgira?

Sera-t-il faible ou fort?

Sera-t-il seul, ou non?

Quels seront ses associés?

Autant de problèmes vitaux à prévoir, — et à résoudre.

On devine les difficultés qu'un pays prévoyant et plein de bonne volonté à cet égard trouverait sur son chemin avant d'atteindre un but qui ne dépend pas de lui et semble se dérober constamment à son effort. Et il lui faudra déployer une vigilance de tous les instants, et regarder attentivement autour de lui et scruter l'horizon à perte de vue, s'il veut éviter une surprise et se placer dans les conditions les plus propres à lui assurer, à défaut de la suprématie, la sécurité.

Que faire pour se procurer la paix, sinon chercher à égaler le plus fort, ce qui du même coup réduirait à l'impuissance absolue tous les autres? C'est seulement au prix de ces immenses sacrifices qu'un peuple sera en mesure de conquérir le repos, élément essentiel de la vie elle-même et de vaquer tranquillement à ses occupations en goûtant le bien-être et le bonheur qui sont la juste récompense du travail.

Et puis égaler le plus fort, c'est l'égaler en quantité et en qualité et ne lui céder sur aucun point susceptible de lui conférer un avantage quelconque. C'est riposter à chacune de ses alliances par une autre alliance, supérieurement choisie.

Cette « folie d'armements » aboutira donc à la surenchère indéfinie, pleine d'inconnu, et dont on ne peut attendre, d'ailleurs, qu'une suprématie passagère, instable, constamment remise en question.

Tout ceci nous mène logiquement à conclure
que si cette course effrénée vers l'abîme est
admissible théoriquement, elle est pratiquement irréalisable.

Les pays, nous le savons, diffèrent par
l'étendue, la densité de la population, la richesse. La dépense exigée par chacun différera
donc également. Un petit pays aux ressources
modestes n'aura certes pas besoin de consentir
en faveur de son armée les mêmes sacrifices
qu'un grand pays. Comment d'ailleurs le croire
capable, avec la meilleure volonté, de s'égaler
à un adversaire notablement supérieur? Une
seule condition pourrait garantir son intégrité :

la protection d'une puissance amie au moins égale à son adversaire éventuel.

Si donc un petit pays peut arriver à sauvegarder sa liberté grâce à l'intervention d'une ou de plusieurs protectrices dévouées et justes qui, tout en agissant au nom même de cette liberté, seront également poussées par l'instinct de la conservation et la crainte de voir grandir à leurs côtés un rival capable un beau jour de les dépasser elles-mêmes, comment admettre qu'un peuple malintentionné, obstinément fermé à toute notion de justice et de bonté, et poussé par un orgueil démesuré, puisse, sous prétexte qu'il a cru détenir, à un moment donné de son histoire, cette suprématie, se considérer comme étant seul en droit de la conserver pour toujours?

Prétention folle, insoutenable, contraire à la logique, à la nature elle-même, basée sur l'équilibre des forces! Tout se paie en ce monde. Cet équilibre qu'il aura voulu rompre à son profit en s'efforçant d'écraser les autres, ce sont les autres qui tôt ou tard le rétabliront fatalement. Et en le rétablissant, ils écraseront à leur tour l'usurpateur.

Voilà pourquoi nous avons le droit et le devoir de traiter comme des chimères les prétentions d'une puissance quelconque à la domination universelle. Voilà pourquoi, malgré tous les efforts tendus vers ce but unique, malgré les progrès meurtriers d'une science détournée de son objet et mise au service du mal, une inexorable loi, une loi fatale et rude, la loi des compensations, la condamne d'avance et sans appel non seulement à échouer dans cette œuvre monstrueuse conçue et exécutée au mépris de l'idéal dont elle se réclame, mais encore à prendre désormais, au lendemain du verdict mérité, une place humiliée et amoindrie en cet univers où tous les peuples, petits ou grands ont, par le seul fait de leur existence, le même droit, imprescriptible, à la vie.

Les leçons de l'histoire illustrent avec éclat cette vérité certaine, manifestée par maints exemples caractéristiques. Telle nation qui, à un moment donné de son évolution, disposa d'une puissance matérielle et morale qui lui permit d'imposer son joug à la moitié du monde, n'est plus aujourd'hui qu'une modeste figurante, réduite, pour ne pas mourir de faim, à exploiter les souvenirs de son glorieux passé ; tandis que telle autre, à peine formée, a su, grâce à son attitude ferme et résolue inspirée par le sens le plus net des réalités, imposer le respect de sa jeune et sérieuse autorité. Il en est des peuples comme des gens. Les uns et les autres ont un commencement et une fin. Rien ne sert d'aller trop vite, trop loin, de « brûler les étapes » ; rien ne sert de s'élever contre la nature. Le châtiment est là, prêt à s'abattre.

Celui-là seul se conservera longtemps, c'est-à-dire retardera l'heure de l'échéance fatale, qui saura se ménager, se développer normalement selon la règle ; et le plus fort, quand il est parvenu à un certain degré de force, doit tomber victime de sa propre force, pour céder la place à d'autres qui, après avoir accompli plus ou moins heureusement le même cycle, tomberont à leur tour, victimes également de leur propre force.

L'armée, nous le savons, est étroitement liée à la richesse du pays. C'est dire qu'elle se trouvera limitée, à un moment donné, par cette richesse même, qui est limitée.

Quel est le rapport entre l'armée et la question économique?

Le pays est habité par une population dont le travail est l'unique ressource. Il est donc intéressé à ce que ce travail se poursuive dans les meilleures conditions, et son devoir est de le faciliter et de l'encourager.

Il se consacrerait exclusivement à cette tâche capitale si la nécessité de mettre les richesses ainsi produites à l'abri d'une attaque — d'autant plus à redouter que ces richesses sont plus grandes — ne le contraignait à prendre certaines mesures de sûreté en rapport avec la valeur de la fortune qu'il veut ainsi assurer. Et ces mesures ne peuvent être prises qu'en prélevant à cet effet dans la population — c'est-à-dire dans la main-d'œuvre — un certain nombre d'hommes pour constituer la défense.

En les enlevant à la production, l'État immobilise donc une partie du capital, qu'il détourne

de son véritable emploi, et qu'il rend impro-
ductif.

L'armée est donc un capital immobilisé.

Bien plus, l'État ne se contente pas d'arracher ces hommes à leur destination primitive;
il se charge en outre, comme nous l'avons noté,
de les entretenir, les nourrir, les équiper, les
armer. Il consent ainsi un double sacrifice.
D'un côté, il se prive d'une force indispensable
à son existence — et c'est la force la plus
jeune, la plus robuste, la plus précieuse — et
de l'autre, il assume les frais matériels et la
responsabilité morale de cette force ainsi détournée de son but, et qui, *au lieu de lui rapporter sans rien lui coûter, lui coûte sans
rien lui rapporter.*

Ces dépenses sont bien lourdes, certes, mais
nécessaires. Elles rentrent dans ce qu'on appelle les frais généraux. Un pays riche, par le
fait seul de sa richesse, est en mesure d'y

pourvoir sans se gêner. Quiconque possède doit s'attendre à voir ses biens convoités, et la plus élémentaire prévoyance lui enjoint de prélever une partie de sa fortune pour défendre l'autre.

C'est ici que nous arrivons au point délicat. Quelle sera l'importance de cet indispensable prélèvement? Sur quels éléments se baser pour la déterminer? Comment établir le rapport entre les deux forces?

Il y a en effet une question d'équilibre, et la sagesse consiste à le trouver et à s'y mainte-nir : d'un côté — la question économique; de l'autre, — l'armée.

Pour placer la richesse économique en sûreté et lui permettre de se développer, il faudrait grossir le plus possible le côté armée. Mais comme l'armée ne peut se recruter qu'aux dépens de la richesse économique — en la pri-vant de main-d'œuvre et en absorbant de gros

frais d'entretien — son accroissement dimi-
nuera d'autant la valeur du trésor à défendre.
En revanche, restreindre l'armée c'est évidemment augmenter la richesse économique, mais
c'est aussi l'exposer, par une protection insuf-
fisante, aux convoitises des voisins.

A chaque pays incombe le soin d'établir la
balance d'après sa conception personnelle.
Connaissant à fond les ressources de son budget, il aura certainement à cœur de fixer le plus
exactement possible l'étendue des sacrifices
qu'il est en mesure de consentir à cet égard.
Or, nous le savons, les sacrifices sont limités
comme le budget lui-même. Si donc, après
maints tâtonnements, un pays était parvenu à
imposer à son voisin immédiat le respect indispensable pour éliminer toute cause de conflit,
sa sécurité n'en demeurerait pas moins constamment menacée par l'intervention éventuelle d'un ennemi quelconque, plus puissant,

ou même de deux ou trois pays alliés ensemble.

Quelle attitude adopter?

Dépasser son budget pour se placer à l'abri de toute attaque, c'est s'appauvrir matériellement, se mettre en état d'infériorité, limiter la durée de sa résistance, c'est se condamner délibérément à une mort certaine. Il y a là ce qu'on appelle un cercle vicieux. L'équilibre entre les deux éléments doit être maintenu à tout prix, et il est impossible de chercher à développer l'un aux dépens de l'autre — quel qu'il soit — sans se vouer à la ruine.

Ajoutons à cela que si le sacrifice à consentir est basé sur les moyens dont chaque pays dispose, l'importance de l'armée doit correspondre en outre, avec un élément nouveau : l'étendue du front qu'il s'agira, le cas échéant, de défendre. C'est à l'armée régulière qu'incombe la tâche de constituer les cadres en vue de la guerre. C'est elle qui forme les piliers de ce mur qu'il s'agit de saturer par la mobilisation de tous les citoyens valides afin de le rendre infranchissable.

Ce n'est pas tout. Si l'étendue de chaque front semble en rapport avec l'importance du pays, en revanche la nature de ce front diffère et constitue un privilège à part. Heureux ceux qui possèdent un front présentant à l'ennemi des obstacles naturels capables de briser net son élan, surtout si, à côté de ces obstacles fournis par la configuration géographique, se trouvent des voies de pénétration assez larges et assez nombreuses pour assurer les relations commerciales dans les conditions les plus favorables.

Autrement dit : une muraille haute et solide, avec, de loin en loin, des portes.

Cette situation privilégiée échappe à la volonté du pays. Tant mieux pour les uns, tant pis pour les autres! Question de chance.

Un fait est certain. Pour pouvoir vivre en paix, c'est-à-dire dans l'état de calme nécesairo au libre développement de l'humanité, il faut pouvoir considérer son bien comme étant en parfaite sécurité, à l'abri de toutes les entreprises.

Comment y parvenir?

Certes, parmi les peuples, nous trouvons des caractères différents, comme parmi les individus. Les uns, d'un naturel paisible, aiment sincèrement le travail. Poussés par une irrésistible curiosité scientifique, avides de progrès, ils mettent en œuvre toutes les ressources de leur génie pour agrandir leur situation économique. On conçoit que ces laborieux se soucient médiocrement d'imposer aux citoyens des lourdes charges en vue d'entretenir une armée nombreuse, puisqu'ils aiment la paix et détestent la guerre.

Mais ils ne sont pas les seuls. A côté des bons il y a les méchants, à côté des pacifiques les belliqueux. Ceux-ci sont agressifs, insolents, rudes, ils se croient d'une essence supérieure aux autres qu'ils veulent réduire ou dominer au nom de principes cyniquement forgés par leur orgueil pour justifier la brutalité de leurs actes. Au lieu de jouir paisiblement de la situation fort honorable, légitimement conquise par leur travail régulier — et qui leur assurerait une belle place parmi les nations civilisées — ils ne songent au fond qu'à prendre chez les voisins, habilement circonvenus, ce qui semble nécessaire à leurs appétits et à leurs besoins. Ils travaillent certes et considérablement pour augmenter leur richesse économique, mais souvent avec l'arrière-pensée de la consacrer à l'accroissement de leur puissance militaire qui seule peut leur permettre de réaliser leurs desseins inavoués.

La triste guerre que nous venons de traverser, la plus cruelle et la plus meurtrière de toutes celles dont l'histoire ait gardé le souvenir, n'est-elle pas un frappant exemple du mal que peut déchaîner sur la terre l'orgueil insensé d'un peuple ?

A lui seul, et uniquement parce qu'il n'était pas pleinement satisfait de sa situation, parce qu'il la voulait plus grande encore, il a pu bouleverser le monde entier, vouer à la mort des milliers, des millions d'êtres humains.

Et les autres, les pacifiques, qui ne songeaient qu'à poursuivre leur évolution dans la paix féconde, ont été brusquement arrachés à leurs travaux. Ils ont dû s'armer, s'unir

contre le péril commun qui, en les menaçant,
menaçait l'avenir même de l'humanité, consen-
tant ainsi des sacrifices en contradiction formelle avec le principe de leur civilisation : la
négation de la force brutale.

Comment, après une si rude leçon, aurait-on
le droit de croire, comme on l'a fait jusqu'à ce
jour, que la force armée est capable de garantir
à elle seule, d'une façon absolue, la sécurité
d'un pays quel qu'il soit?

Supposons que, fermement résolu à prendre
toutes les dispositions contre une attaque
éventuelle, un pays ait dressé sur terre et sur
mer les moyens de défense les plus imposants;
supposons qu'il possède des forts et des na-
vires pourvus des armes les plus perfectionnées, servis par les troupes les plus braves et

les mieux entraînées et dont l'ensemble constituerait autour de son territoire terrestre et
maritime une ligne ininterrompue formidable,
quelle valeur défensive réelle offrirait ce
double front, alors que les progrès de la science
ainsi détournée de son vrai but, ont conquis
un élément nouveau, devenu un champ de
bataille illimité : l'air ?

L'avion qui s'élève à des hauteurs de plus en
plus grandes, et qui évoluera demain avec la
maîtrise naturelle de l'oiseau, l'avion se joue
littéralement des frontières. Pour celui qui
plane, pour celui qui domine, que représente une
forteresse, sinon un misérable tas de pierres.
En quelques minutes, en quelques secondes, il
a laissé derrière lui, sous lui, tout ce qui, pendant des siècles, a inspiré aux hommes la terreur, tout ce qui réalisait le suprême effort du
génie humain dans l'art de la défense, ces cita-
delles si solidement construites, si ingénieuse-

ment combinées, et si riches en gloire, — et il s'en va semer la mort au centre, au cœur même du pays, qui se considérait, jusqu'à ce jour, comme hors d'atteinte.

Aucune limite, sinon celle de sa propre audace, n'arrête le pouvoir destructeur de cette unité ultra-mobile.

Et nous ne parlons pas de cette nouvelle invention diabolique, le sous-marin minuscule et invisible, qui va sournoisement frapper par dessous les grands vaisseaux cuirassés d'airain, et les précipite avec leur formidable armement au fond des eaux où il évolue silencieusement, tel un poisson monstrueux qui n'a même pas besoin, pour tuer, de se montrer.

Nous pouvons donc conclure : puisque les pays, sans renoncer aux moyens classiques éprouvés par une longue expérience sur terre et sur mer, sont astreints, en prévision d'une nouvelle guerre, à tendre tous leurs efforts vers la défense par avions, ils se trouveront, quoi qu'ils fassent, dans l'impossibilité de garantir leur sécurité d'une façon absolue.

C'est donc à d'autres moyens que l'humanité doit demander la solution de cet angoissant problème.

CHAPITRE VI

UN PAYS A-T-IL LE DROIT DE S'AGRANDIR?

Deux questions bien distinctes se posent au seuil de ce chapitre.

1° Un pays a-t-il le droit de s'agrandir? — Question de principe.

2° Par quels moyens? — Question de fait.

La faculté d'extension étant la raison d'être de l'évolution, du progrès, de la vie, nul ne peut, sans aller contre la logique, prétendre la rayer de la charte de l'humanité. Refuser systématiquement à un pays le droit de s'agrandir serait décréter son emprisonnement entre ses frontières fixées une fois pour toutes, l'arrêter dans son essor normal, contrarier maladroitement une aspiration légitime, ce serait le condamner sans appel à l'étouffement, à l'épuisement, au recul.

Le principe admis, voyons quel moyens l'homme a mis jusqu'à ce jour au service de ce droit. Nous n'en trouvons, malheureusement, qu'un seul : la guerre.

En effet, si loin que nous remontions dans l'histoire, nous constatons que les conquêtes territoriales ont toutes été l'enjeu de la guerre.

La guerre ! Une longue et cruelle expérience de cinq années ne nous a que trop édifiés sur le sens exact de ce mot terrible dont les plus clairvoyants d'entre nous ne soupçonnaient qu'imparfaitement l'horreur.

La guerre ! Pouvons-nous en évoquer, sans trembler, l'affreux souvenir ! Nous sortons à peine du cauchemar, et nous avons l'impression que s'il est terminé, ses conséquences vont peser pendant des années encore sur l'existence de l'humanité, troublée jusque dans ses assises et appauvrie dans ses forces vives, si jalousement cultivées au temps bienheureux de la paix.

La guerre ! Les historiens proclament qu'elle a toujours existé et ils fournissent maintes preuves attestant l'ancienneté de ce fléau, contemporain des premiers âges de cette terre, où la lutte est la condition même de la vie. Il suffit d'examiner les diverses phases traversées par la configuration géographique des pays qui composent — ou ont composé — l'univers, pour constater des agrandissements réalisés par les uns, des diminutions subies par les autres. Qui dit conquête, dit guerre. Certains affirment même que son apparition, regrettable certes, doit-être considérée comme une « fatalité », c'est-à-dire comme un événement inévitable, imposé par un destin brutal qui semble prendre plaisir à rabattre l'orgueil de l'homme en s'appliquant à déjouer ses plus ingénieuses combinaisons, pour le ramener au sentiment de son néant.

Il serait facile de répondre à cette opinion vraiment trop sommaire que tout acte dirigé dès son point de départ vers un but est un acte voulu, calculé, prémédité, échappant complètement au domaine de la prétendue fatalité, où nous rangeons volontiers, pour nous en décharger, tous les phénomènes qui contrarient nos calculs, et que nous ne pouvons ni empêcher, ni justifier.

La fatalité, c'est un mot, un mot vague, qui ne représente aucune réalité, c'est l'aveu de l'impuissance de l'homme devant la nature, qu'il s'acharne à vouloir expliquer, alors qu'elle ne s'explique pas.

Si la guerre éclatait avec la violence rapide et aveugle d'un cyclone qui sans raison, pour rien, détruit tout sur son passage et ne laisse derrière lui que des ruines — sans qu'il en tire aucun profit — nous serions autorisés alors à dire qu'elle est une fatalité, puisque, sans but à son origine, elle est, à sa fin, sans récompense.

Or, feuilletez les annales du plus lointain passé. Examinez les résultats de ces rencontres sanglantes et vous conviendrez aussitôt que toutes, celles de l'antiquité comme celles des temps modernes, les grandes tueries qui ont mis en présence les grands peuples luttant pour l'hégémonie du monde et les brèves escarmouches entre petites nations se disputant un lopin de terre, toutes sans exception, qu'elles aient été entreprises en vue d'assurer le triomphe d'une idée ou la possession d'un territoire, toutes ont comporté un vainqueur et un vaincu.

Le vainqueur n'est-il pas généralement celui qui veut la guerre, la prémédite, la prépare. Son acte ne se trouve-t-il pas récompensé par le succès ? Pouvons-nous raisonnablement qualifier de fatalité les conséquences d'un pareil acte, qui pourrait se reproduire dans les mêmes conditions, puisqu'il est le résultat d'une volonté humaine? Qui, en revanche, oserait prétendre provoquer le retour d'un cyclone, phénomène appartenant au domaine de la nature inexpliquée, donc de la fatalité?

Invariablement, le bilan de toutes les guerres se chiffre par la destruction de milliers d'existences, sans parler de l'anéantissement des biens, si péniblement acquis par le lent travail de la paix.

Sans doute, il est impossible de méconnaître

les avantages obtenus par le vainqueur. Ils dé-
passent parfois ses prévisions. Mais, en les
supposant même assez importants pour transformer complètement sa situation matérielle,
et lui permettre d'évoluer dans un milieu plus
élevé, en supposant qu'ils marquent pour lui le
point de départ d'une fortune inespérée, et lui
ouvre des horizons éblouissants, bref, en supposant le plus éclatant triomphe obtenu au
meilleur compte, la conscience la plus obstinément fermée aux sentiments généreux est
forcée de constater la cruauté, la sauvagerie
de ce procédé qui foule aux pieds le plus beau,
le plus noble de tous les principes, celui qui
fut le point de départ de la civilisation : — le
respect de la vie humaine.

Certes, le progrès crée chaque jour des
besoins nouveaux de plus en plus impérieux,
et nous sommes devenus tellement avides de
jouissances immédiates que le moindre retard

à la réalisation de nos désirs nous affecte comme une véritable souffrance. Pour satisfaire leurs insatiables appétits, quels moyens les peuples ont-ils employés jusqu'à présent, sinon la force, la violence.

Tel coin de terre est riche en éléments qui nous manquent. Il doit devenir nôtre, à n'importe quel prix...

Or, existe-t-il au monde une contrée assez opulente, un Eden assez miraculeux pour qu'on puisse prétendre le payer par le sacrifice de vies humaines? Cette monnaie de sang a-t-elle son équivalent en argent? Comment la restaurer quand on l'a gâchée, comment la remplacer quand on l'a perdue, comment évaluer le montant de cet incalculable trésor si tristement offert en échange d'une conquête matérielle dont la possession précaire est exposée à être remise en question le lendemain, et qui risque, au prix de nouveaux sacrifices

sanglants, de revenir à son premier posses-
seur.

*
* *

Laissons de côté les grands mots qui, depuis
les origines du monde, ont bercé l'ignorance
des foules. Détournons nos yeux de l'éclat des
fêtes, de ce vain appareil triomphal destiné à
recouvrir tant de misères. Regardons plus
près, autour de nous, sachons voir, sachons
entendre, sachons deviner.

Songeons aux larmes de ceux qui restent, et
qui n'ont désormais d'autre consolation que de
pleurer l'être cher brutalement arraché à leur
tendresse. Allez-vous leur parler d'agrandissement, à eux qui sont diminués? Leur van-
terez-vous les bienfaits d'une victoire dont leur
époux, leur fils, leur frère, ne jouiront pas?
Comment espérer que l'allégresse générale soit
assez forte pour absorber tant de détresses par-

ticulières et n'est-ce pas vraiment trop attendre de ces êtres meurtris que de penser les voir sourire à travers leurs larmes?

Des provinces entières incorporées à la mère-patrie, des villes avec leurs églises, leurs palais, leurs maisons, et des villages entourés de riches cultures, et des usines en pleine exploitation. Tout cela est fort beau. Un triomphe aussi complet eût apparu, il y a quelques années, inespéré; il eût comblé de joie des milliers de « patriotes » qui l'ont attendu pendant toute leur vie et qui sont morts, désolés, de l'avoir trop attendu. Quelle surprise pour ceux qui l'ont préparé, s'ils revenaient parmi nous et comme ils seraient récompensés de n'avoir jamais douté !

Certes. Mais il y a là, près du foyer, une place vide, et qui restera vide. Quelqu'un est parti d'ici, un soir. C'était le plus fort, le plus aimé, celui qui devait par son travail assurer la prospérité de la maison, fonder à son tour une famille, perpétuer la race, succéder aux vieux parents déjà courbés vers la terre. Il est parti, simplement, après une étreinte, puisque la patrie le réclamait pour la défendre. Il était plein de confiance. Ne devait-il pas revenir, vers les siens, après la victoire, puisqu'on avait besoin de lui ? Il est parti, il ne reviendra plus. Voilà un fait certain, trop certain. On vivra pendant des années et des années, les conséquences matérielles de la tempête s'effaceront peu à peu, une ère nouvelle, plus prospère, se lèvera peut-être sur les ruines, un bien surgira de tout ce mal et la mort de ces héros, tant pleurés aujourd'hui, n'aura pas été un sacrifice inutile...

Mais on n'oubliera jamais à quel point le bonheur a été brutalement détruit par un événement affreux, injuste, que la prévoyance des chefs n'a pu écarter de ces foyers, si peu soucieux de ce qui pouvait se passer dans le vaste monde, et qui demandaient seulement, en échange de leur patient labeur, la sécurité.

Et quand on essaiera de calmer de telles douleurs avec des phrases, avec ces phrases creuses et vides que les gouvernants se transmettent d'âge en âge, et dont ils se servent aujourd'hui comme jadis pour mieux établir leur domination sur les masses; quand on tentera de jeter sur ces horribles réalités le voile trompeur de la poésie, en mêlant l'amour à la guerre et en faisant appel aux vertus chevaleresques de notre race de troubadours et de paladins éprise de belles chansons et de grands gestes; quand on viendra prétendre que, de ces hécatombes, jugées nécessaires par je ne sais quelle force mystérieuse du Destin, doivent surgir des athlètes aux muscles d'airain, au cœur de chêne qui renouvelleront la nation épuisée par les molles délices de la paix ; quand on aura épinglé toutes les croix et médailles sur « les plis frissonnants » des drapeaux, et solennellement décerné les plus rares épithètes à la mémoire des disparus — pauvres enfants qui réclamaient simplement le droit à la vie et n'avaient jamais ambitionné les palmes des héros — que pèsera cette littérature funèbre et pompeuse, que pèseront les discours, les poèmes, les musiques, auprès de la vraie souffrance continue, profonde, ineffaçable ?

La guerre ! Nous pensions qu'elle ne reviendrait plus, que l'excès même de son horreur la condamnait à disparaître de l'humanité ayant enfin pris conscience d'elle-même. Elle est revenue pourtant, mille fois plus terrible qu'on ne pouvait l'imaginer. Et pendant cinq années d'angoisse, sans un jour, sans une heure de répit, la destruction s'est poursuivie, régulière, acharnée à son œuvre.

A quoi bon insister? Est-il nécessaire de stigmatiser, après tant d'autres, des réalités trop cruelles hélas, et faut-il être pourvu d'éloquence pour provoquer un grand cri de réprobation et voir se lever l'humanité entière, sans distinction de races et proclamer, d'une seule voix :

— La vie, la vie, et non la mort !

Et pourtant, il faut le répéter, cet atroce moyen est le seul et unique dont les peuples disposent actuellement pour la conquête des territoires jugés utiles à leur expansion, justifiée ou non.

Comment résoudre le problème qui se dresse devant la conscience de l'humanité ?

Devons-nous, pour bannir définitivement la guerre, renoncer à jamais au besoin si naturel, si légitime, si nécessaire au progrès, de nous agrandir, de nous développer, ou bien le principe de l'agrandissement étant admis parce que logique, raisonnable, conforme à la vie elle-même, ne pourrions-nous pas, en notre qualité de civilisés, c'est-à-dire d'êtres supérieurs, capables de refréner l'instinct et d'obéir à des règles morales, trouver, pour satisfaire ce besoin essentiel, un procédé plus humain, plus rationnel, mieux d'accord avec cette dignité dont nous sommes à bon droit si fiers : l'acquisition par la voie amiable de l'achat?

Un peuple étant le total d'unités de familles qui le composent, il nous est permis de le considérer un instant, dans son ensemble, comme une grande famille unique. Cela nous aidera à mieux comprendre les rapports qui peuvent et doivent exister entre deux peuples représentant chacun une famille.

Nous trouvons tout naturel qu'une famille possédant un bien souhaite l'agrandir aux dépens de ses voisins. La question de la force brutale mise au service de ce désir est exclue d'avance et ne se pose même pas. Les lois de l'État sont là pour imposer à tous le respect de la propriété d'autrui, considérée comme sacrée.

En revanche, un large terrain d'entente s'offre à toutes les transactions à l'amiable par l'achat, grâce à la liberté de l'offre et de la demande qui régit les manifestations de la vie économique.

Ces cas, innombrables, si différents en apparence, ne varient que par les modalités de certaines conditions. Ici, le champ est inoccupé, inculte, sans destination bien déterminée. La tâche en sera considérablement simplifiée. Là, au contraire, il s'agit d'immeubles habités, donc affectés à un usage particulier et qui devront être évacués ; ce qui aura pour effet de compliquer l'opération, sans toutefois la rendre impossible. Et ainsi de suite...

Un fait est certain. Depuis que les pays sont pourvus d'une organisation et régis par des lois, expression de la volonté générale, ce genre de transaction à l'amiable est classique ; il s'accomplit journellement, il est entouré de maintes garanties qui en assurent le fonctionnement régulier, nécessaire à la vie sociale, basée sur l'ordre.

Nous sommes des civilisés, nous avons complètement éliminé de notre horizon la force brutale qui jadis régnait seule et sans partage sur le monde encore en formation. Quand par hasard un acte violent, dirigé contre les personnes ou contre les biens, se produit, il est considéré comme une anomalie regrettable, et qualifié de noms qui ne lui font pas honneur : vol, cambriolage, assassinat. Et il n'affirme sa personnalité à l'égard des actes normaux, permis parce que conformes à la règle, que par la juridiction toute spéciale créée à son intention.

Il est en effet tellement en opposition avec la loi, tellement dangereux en raison du trouble apporté par sa brutalité dans les rouages sociaux, si délicats, que chaque pays a compris la nécessité d'établir un organisme puissant chargé d'arrêter net et de châtier rudement ses fâcheuses manifestations.

Puisque nous avons pu ramener deux peuples à deux grandes familles, n'est-il pas possible de pousser plus loin la comparaison et de nous demander pourquoi ces deux peuples ne s'imposeraient pas l'obligation de se céder à l'amiable les territoires qu'ils désirent, par le procédé banal et classique de l'achat ?

Ceci est une question de principe. En bonne logique, il ne semble pas que la réponse puisse être négative.

Évidemment, les familles d'un même pays obéissant à la même loi, l'entente se trouve facilitée par cette loi uniforme, créée précisément pour régler et protéger ces sortes d'opérations.

Mais dès qu'il s'agit d'une entente à intervenir entre deux pays, laquelle des deux lois primera l'autre?

Tout d'abord, on peut dire, à priori, que les lois concernant les cas classiques importants sont à peu près pareilles dans les pays de civilisation identique et ne diffèrent que par certaines nuances. Ne serait-il pas alors possible de les ramener toutes à un code uniforme international qui réglerait et protégerait les transactions entre ces grandes familles, les nations, au même titre que le code de chaque pays règle et protège les transactions entre les familles du même pays?

Ce mode d'échanges solidement installé sur

une base légale, examinons quels seraient les avantages et les inconvénients pour l'un et l'autre des contractants.

Jusqu'à présent, les territoires qui se trouvent en bordure, limitrophes, c'est-à-dire constituant la limite, passaient pour appartenir à une zone dangereuse. N'étaient-ils pas, en cas de conflit toujours à prévoir, exposés au premier assaut de l'ennemi? Privés par leur situation géographique de cette sécurité qui est la condition première du libre épanouissement, ils n'acquéraient qu'à grand'peine leur plein développement, à cause de la menace suspendue au-dessus d'eux. Condition déplorable, mais imposée par les faits et dictée par la plus élémentaire prudence.

Supposons les rapports entre les deux voisins établis sur une base amicale, supposons la possibilité, pour l'un et pour l'autre, de devenir acquéreur, le cas échéant, d'une partie quelconque du territoire. Nous devons dès lors considérer la guerre comme ayant perdu sa raison d'être. Quels effets aurait, sur le sort de cette zône dite dangereuse, cette modification radicale et subite?

Brusquement affranchi de cette crainte perpétuelle d'invasion, chacun se mettrait au travail dans une atmosphère de confiance. Aucune raison d'avoir peur, de se contracter. Toutes les raisons au contraire pour s'épanouir, pour s'abandonner enfin aux suggestions de la vie si malencontreusement paralysées jusqu'alors par la crainte très légitime de voir s'anéantir en quelques jours le fruit d'un patient labeur. La proximité du voisin, regardée comme une disgrâce tant qu'il apparaissait sous les traits peu engageants d'un ennemi, va devenir un avantage du jour où il sera un ami, un client éventuel. Loin de sacrifier sa bordure, parce que vouée d'avance à la destruction par le premier choc, chaque pays s'efforcera de lui conférer une valeur marchande plus élevée pour attirer et satisfaire la pratique, partant pour faciliter l'échange des produits.

Ce n'est pas tout. La population de cette zône, jadis clairsemée, deviendra plus dense, s'implantera plus fortement au sol hospitalier, qu'elle pourra désormais exploiter à fond, en toute sécurité ; — et, affluant aux points privilégiés, elle y installera des entreprises qui, fatalement, prospèreront.

Et la progression sera la même des deux côtés de cette frontière qui aura perdu sa destination belliqueuse pour devenir modestement la ligne de démarcation entre les propriétés de deux voisins qui se connaissent et qui sont en rapports d'affaires. Une émulation généreuse les poussera ensemble vers le développement à l'infini du négoce, de l'industrie ; le désir de se surpasser, de s'éclipser fera jaillir des forces nouvelles, insoupçonnées, que stimuleront le contact permanent, la vision des progrès réalisés sous leurs yeux. A chaque effort de l'un correspondra aussitôt un effort de l'autre. C'est à qui sera le premier dans cet irrésistible élan vers la perfection, — et la valeur du pays entier en sera augmentée.

Voilà, n'est-il pas vrai, des conditions éminemment favorables au jeu normal de l'activité humaine définitivement rendue à sa vraie mission, qui est de créer.

Qu'arrivera-t-il ?

Les deux voisins, libérés enfin de la hantise de la guerre, ayant ainsi écarté les entraves sans nombre qui contrariaient les bonnes volontés et arrêtaient dans leur germe toutes les tentatives audacieuses à longue portée, mettront à contribution le meilleur de leur savoir, de leur courage, de leur énergie, pour porter à l'extrême leurs facultés de produire, d'inventer, d'échanger ; et comme, ainsi favorisées, les choses iront vite, ils auront la joie d'assister à cette progression dont il pourront suivre l'évolution qui s'accomplira devant leurs regards. Ils envisageront l'avenir avec d'autant plus de confiance qu'ils ont connu la contrainte et la peur, et tant que les événements suivront leur cours normal, aucune question d'agrandissement ne se posera, ni d'un côté ni de l'autre, chacun se sentant à l'abri chez soi, et pleinement satisfait d'un voisinage aussi utile qu'agréable.

Supposez maintenant que la marche en avant ne s'effectue pas chez les deux voisins de la même façon et ne réalise pas le même idéal.

Au bout d'un certain nombre d'années, l'un des deux, à cause de son tempérament plus travailleur, de son ambition plus grande, de son organisation plus intelligente, ou simplement parce que mieux servi par les circonstances, se sent à l'étroit entre ses frontières qui ne suffisent plus à contenir sa population devenue trop dense.

Sa prospérité croissante, heureux résultat de son labeur, lui laisse entrevoir la possibilité de consentir un sacrifice d'argent en échange d'un territoire qui lui permettrait de respirer plus librement et de se développer d'une façon régulière, conformément à ses besoins. Et aussitôt la nécessité de s'agrandir provoquera en lui le désir d'entrer en pourparlers, à cet effet, avec le voisin.

Il le connaît, il sait que, riche en terrain, il est assez pauvre en population, et que seule une question de prix pourrait l'arrêter dans l'accomplissement d'un acte considéré comme bien naturel. Pourquoi donc ne pas se résoudre à céder une parcelle de son territoire dont on peut facilement se passer? D'autant plus que cette opération rendrait au vendeur un double service : l'indemnité perçue en échange ajouterait au Trésor une somme importante qui viendrait fort à propos aider les entreprises nouvelles précisément gênées par le manque de capitaux; — ensuite, la population globale étant trop clairsemée pour le pays, acquerra, par le fait de cette réduction, une densité normale, bien en rapport avec son étendue.

Ainsi, grâce au renforcement de ces deux éléments fondamentaux, richesse et population, la puissance nationale se trouvera augmentée. Et dans une mesure d'autant plus grande que, le morceau vendu ayant acquis une plus-value considérable, due à son intelligente exploitation, la somme réalisée par cette vente fournira au Trésor un appoint important.

Jugez à quel prix se serait accomplie cette cession si elle avait été le résultat de la guerre : population décimée, territoire saccagé, des milliards dépensés en munitions, pour aboutir, après des mois ou des années de carnage, au gain ou à la perte d'un terrain que la voie normale de l'échange eût pu transférer d'un peuple à l'autre, sans qu'il en coûtât la moindre goutte de sang.

Aucune hésitation n'est permise désormais en ce qui concerne le choix entre ces deux moyens d'agrandissement : la guerre ou la transaction amiable.

Le principe de l'échange une fois admis, une objection se dresse dès lors devant nous : quel sera le sort des habitants de la région cédée ?

Disons tout d'abord que les peuples envisagés, appartenant à la grande famille des civilisés parfaitement conscients de leurs actes, sont en mesure de refréner leurs passions et de n'agir que d'après les suggestions, impérieuses et infaillibles, de la raison, complètement libérée des préjugés.

Nous supposons que l'acquéreur est satisfait d'avoir pu atteindre à l'amiable ce but qui lui tenait tant à cœur. Il est naturellement plein de reconnaissance envers ceux qui lui ont permis de réaliser dans de telles conditions un rêve caressé depuis tant d'années. Car ce n'est pas du jour au lendemain que la nécessité de s'agrandir s'est imposée à son esprit; il y a longtemps qu'elle s'annonçait comme une conséquence logique de sa prospérité croissante; et puisque le moyen brutal de la guerre ne lui inspirait que de l'horreur, il savait bien que seul un arrangement avec son voisin pourrait provoquer la solution conforme à ses vœux. Content du résultat obtenu, il sera porté à se montrer doux, hospitalier, bienveillant, à l'égard des habitants. Il leur donnera la faculté de choisir entre deux combinaisons, également avantageuses.

*
* *

Ceux qui voudront rester dans le pays, se conformant, en vue du maintien de l'ordre, aux nouvelles lois qui doivent le régenter, y seront accueillis le plus cordialement du monde. On respectera leurs croyances, leurs coutumes, leur langage, toutes ces choses, grandes et petites, qui leur ont été transmises par les aïeux. Rien de changé, sinon le statut à quoi ils seront assujettis, au même titre que leurs nouveaux concitoyens.

Ceux qui, pour des raisons personnelles, auront un avantage à quitter le pays, trouveront à leur disposition toutes facilités leur permettant de vendre leur bien. Et le moment sera d'autant plus propice que les acquéreurs se présenteront nombreux, empressés à devancer leurs concurrents, animés d'un même désir, très légitime, d'être parmi les premiers. L'opération, il est facile de le deviner, s'effectuera dans des conditions inespérées pour les vendeurs. Quelles perspectives pleines de promesses s'ouvrent devant leurs pas! Ils ont conservé l'ardeur au travail, et ils savent en outre combien ils peuvent êtres utiles à la mère-patrie qui leur ouvre largement les bras, car elle a besoin d'eux.

Ainsi se tamisera d'elle-même, selon ses goûts et ses affinités, la masse éminemment diverse et constamment agitée qui compose cette population. Chacun choisira la région, le genre de vie qui lui conviennent, chacun aura donc l'occasion, si rarement dévolue aux humains, de corriger son destin, de le modifier, de l'orienter vers une voie nouvelle, fermée jusqu'à présent par maints obstacles, ouverte aujourd'hui par un hasard miraculeux devant l'activité. Et les entreprises apparaîtront d'une réalisation facile à ceux qui les aborderont avec l'assurance que donne la possession de ce levier qui soulève le monde : l'argent.

Ces « réfugiés » d'un nouveau genre ne ressembleront guère à ceux dont nous avons vu la détresse et le dénûment. C'est sciemment et librement qu'ils seront partis après avoir liquidé leurs affaires, emportant tous leurs biens et souvent même enrichis par cette circonstance heureuse. Ils pourront s'installer en toute connaissance de cause, sans contracter d'obligations envers personne. Que d'espoirs leur sont permis !...

Combien le sort de ces privilégiés, « réfugiés

volontaires », différera de celui des vrais réfugiés qui, chassés par la force brutale du coin de terre où s'écoulait leur existence, ont dû en quelques heures abandonner leur maison pour fuir devant l'ennemi. Ceux-là ont tout laissé aux mains de l'envahisseur, s'estimant heureux de pouvoir sauver leur vie, leur triste vie désemparée ; et ils sont venus, pauvres débris humains, épuisés, exténués par la fatigue physique et morale, chercher un refuge dans les régions indemnes où ils n'apportaient que leur souffrance et leur misère !

Nous voyons donc que le sort des habitants, envisagé sous le côté économique ou sentimental, ne doit inspirer aucune pitié. Nulle cause vraiment digne d'être prise en considération ne saurait troubler leur bonheur réel, puisqu'on leur donna la faculté de choisir la combinaison qui leur convenait le mieux.

*
* *

Comment pouvons-nous supposer qu'une population affranchie de préjugés et favorisée d'une façon évidente par des conditions aussi exceptionnelles, songe à soulever une question de sentiment, c'est-à-dire appartenant au domaine non de la réalité simple et belle — dont seuls nous sommes conscients et qui seule compte, — mais au domaine de l'abstraction dépourvu d'existence propre, et qu'il est parfois dangereux de trop cultiver?

Les habitants sortiront-ils de ce changement appauvris ou enrichis, diminués ou augmentés? Toute la question est là.

*
* *

Une autre objection s'élèvera peut-être.

— Que faites-vous donc du patriotisme, le plus beau de tous les sentiments?

— Comment en effet pouvez-vous admettre qu'un pays ose disposer des citoyens et du sol qui les abrite afin de les céder comme une marchandise, pour des raisons d'argent, le « vil métal » tant méprisé?

— Comment admettre d'autre part qu'il existe au monde des gens capables d'accepter d'un cœur léger l'hospitalité d'un pays qui n'est pas le leur, et de renier ainsi du jour au lendemain, volontairement, sans y être forcés, leur patrie!

A cela nous répondrons :

En quoi le patriotisme serait-il lésé dans son essence par le pays qui, se sentant appauvri, partant affaibli, et voulant à tout prix éviter un conflit sanglant, préfère, plutôt que d'être acculé tôt ou tard à cette affreuse perspective, abandonner moyennant un gros avantage pécuniaire si utile pour rétablir sa situation chancelante, une parcelle de son territoire dont la possession ne s'était manifestée jusqu'alors que par des revenus médiocres? Dans cette attitude ne devons-nous pas voir au contraire l'expression du bon sens patriotique le plus élevé, puisque d'un côté il ouvre largement les bras à ses enfants, qui seront les bienvenus, et de l'autre il provoque l'enrichissement du Trésor au profit de la communauté.

Aucun reproche ne doit donc lui être adressé.

D'autre part, en quoi le patriotisme serait-il lésé par ceux des habitants qui, pour des raisons personnelles, ont préféré rester? Le sacrifice accepté ne prouve-t-il pas qu'ils ont bien compris l'utilité de cette grave décision prise après mûre réflexion, et n'est-ce pas là un hommage désintéressé rendu par eux à la grandeur de leur pays? Et leur fidélité au sol natal ne servira-t-elle pas la cause de leur patrie puisqu'elle aura pour effet d'en faire connaître et aimer aux nouveaux venus les belles qualités ?

Aucun reproche ne doit non plus leur être adressé.

Ces deux objections ne tiennent pas debout devant l'impitoyable clarté de la raison.

Le patriotisme, expression abstraite, se plie facilement à des interprétations diverses. Il a été assez exploité, surtout depuis ces dernières années, par une minorité de malins qui s'en arrogent le monopole, pour que les esprits sensés aient le droit — et le devoir — d'en réaliser la mise au point, et de prouver qu'il n'a aucunement besoin de ce cortège de grands mots.

Pour être dignes de porter ce beau titre de patriote, entendu dans le sens le plus noble, et

que chacun de nous est autorisé à revendiquer,
puisque chacun de nous aime son pays comme
lui-même, nous devons tendre nos efforts réunis vers un but unique : nous consacrer corps
et âme à son service, et cela non par des phrases
mais par des actes.

Maintenir et assurer le bien-être de nos semblables à l'intérieur, et, grâce à des relations
économiques solides de tout repos avec les
voisins, en évitant par tous les moyens les plus
légers malentendus qui pourraient provoquer
un conflit, se prêter volontiers à toutes les combinaisons, tant qu'elles ne sont pas nuisibles
aux intérêts vitaux, et parvenir ainsi à écarter
toute cause de nature à entraver, si peu que
ce soit, la quiétude nationale.

Voilà en quoi consiste le véritable patriotisme, actif, souple, ferme, — et sans phrases.

**

Si les occasions de s'agrandir ne peuvent guère, en cette Europe où les moindres emplacements sont occupés et affectés à une destination bien déterminée, être agitées que par quelques petits pays mal à l'aise entre leurs frontières, en revanche cette question d'agrandissement soulève depuis des siècles des litiges ou des conflits dans le vaste domaine colonial, où elle est constamment appelée à être remise en jeu.

C'est en effet vers les contrées fabuleuses que les regards avides ont tendance à se tourner. Que de richesses à exploiter encore, inconnues jusqu'à présent !

Les colonies ! Ce sont ces régions qui furent le point de départ des guerres les plus sanglantes. Loin de la métropole où veillent les grands chefs, il est si facile en effet de commettre une maladresse, de jeter un mot qui choque, une allusion mal interprétée, d'esquisser un geste vif. Une parole pas assez pesée, un silence inopportun, un rien dont on ne s'aperçoit pas sur le moment, et cette petite étincelle peut franchir les Océans et venir allumer des grands incendies. Petites causes, grands effets ! Et que de fois des malentendus ont été créés par un désir secret — et sur l'instigation de ces mêmes grands chefs !

Il est temps de trouver à ce problème vital une solution conforme à la logique et d'envisager le droit d'agrandissement par voie d'échange comme le moyen propre à éviter des effusions de sang, tout en sauvegardant les intérêts essentiels de chaque pays.

Avant de terminer ce chapitre, une question surgit devant notre conscience :

Quelle doit être notre conduite à l'égard des peuplades restées sauvages, et ayant conservé leur indépendance jusqu'à ce jour?

A peine dégagés de l'instinct, ces êtres arrêtés dans leur développement ont gardé, malgré le rayonnement de la civilisation dans le monde entier, leur état primitif. Leur cerveau semble plongé dans une somnolence profonde qui ne les distingue pas sensiblement des bêtes.

Si nous pouvions donc prendre vis-à-vis d'eux l'attitude que prennent les parents vis-à-vis de leurs enfants, en les traitant avec beaucoup de douceur, de patience et de bonté, en cherchant à faire pénétrer dans leur âme et dans leur cœur, sans brutalité, sans violence, tous les sentiments qui confèrent la garantie et la sécurité aux rapports que les civilisés cherchent à fixer avec eux dans l'avenir, nous obtiendrions presque certainement la juste récompense de nos efforts.

Attirés par une sorte de confiance instinctive, — donc infaillible — ces arriérés comprendraient qu'on ne leur veut pas de mal, et ils viendraient d'eux-mêmes se placer sous l'aile d'une protectrice bienveillante et généreuse, qui pourra par ses soins maternels guider leurs pas mal assurés et révéler à leurs yeux éblouis les splendeurs infinies du monde moral.

Et c'est encore grâce à un accord entre pays civilisés que ces adoptions d'un nouveau genre, simplement et correctement conclues, auront des chances d'être réparties d'une façon juste, et de transmettre à de pauvres êtres humains l'héritage de notre civilisation.

Nous voyons donc que, si nous sommes définitivement convertis à la légitimité de ce principe fondamental : tout pays a le droit de grandir et de s'agrandir selon la loi même de son évolution normale, par la voie amiable d'achat et d'échange, nous pouvons et devons, par une entente unanime et commune, faciliter à chacun le moyen de remplir sa mission dans le monde, — de vivre, — en faisant appel à tous les beaux sentiments, gages sacrés du progrès et de la civilisation, qui n'admettent pas la moindre défaillance.

CHAPITRE VII

LA GUERRE ET SES CONSÉQUENCES

Dans ce livre consacré à la psychologie de
la guerre, il nous a semblé utile de réserver un
chapitre tout entier à l'étude de la guerre en
elle-même, afin d'en chercher la définition et
d'en déterminer l'origine, le but et les conséquences.

La guerre est une lutte par la voie des armes
entre deux ou plusieurs nations.

Tandis que la paix représente un état régulier, continu, permanent, où la vie s'écoule
selon son cours normal, sans à-coups, dans le

calme qui est la condition essentielle de son développement, — la guerre est un cataclysme soudain qui éclate brutalement et vient troubler cet état normal de la paix pour se substituer complètement à lui.

Elle ressemble donc à une maladie foudroyante qui s'abat sur un être sain, en y apportant une perturbation profonde, qui peut aller jusqu'à la destruction totale de l'organisme.

Et de même que le médecin consciencieux qui, se trouvant en face d'un cas grave de ce genre, s'efforce de discerner nettement la nature du mal, de pénétrer ses causes lointaines, de deviner le sens de son évolution, afin de pouvoir sinon l'enrayer chez ce malade, du moins utiliser l'expérience si chèrement acquise en vue de découvrir demain une solution radicale pour tous les cas analogues ; — de même le moraliste attentif à tirer une leçon des événements qui défilent devant ses yeux, vivement ému par une catastrophe dont il est le témoin attristé, mais non le maître, ne peut s'empêcher de remonter aux sources, non pas de cette guerre ni de celles qui l'ont précédée, mais de la guerre en soi, dans le dessein d'arriver à comprendre ainsi les raisons déterminantes du fléau, et avec l'espoir de suggérer un moyen d'en épargner le retour à nos descendants et de les mettre définitivement à l'abri des calamités dont nous avons si cruellement souffert.

Pour mieux saisir le point de départ du conflit qui engendre la guerre, étudions-le sous la forme la plus simple : celui qui naît entre deux individus ou entre deux familles. C'est là un fait banal, prévu par la société qui lui assigne dans ses rouages une place déterminée.

Le conflit est un choc entre deux volontés opposées qui se disputent la suprématie. Ses multiples manifestations affectent les aspects les plus différents, depuis l'échange de paroles blessantes jusqu'à des coups mortels.

Chacune des volontés en présence étant la résultante des qualités et des défauts qui constituent par leur ensemble la personnalité, provoquera chez l'adversaire un réflexe d'autant plus violent qu'il viendra heurter un tempérament plus directement opposé.

Etant donné que les caractères varient à l'infini, d'un individu à l'autre — et cela dans tous les milieux, — les réactions amenées par chaque conflit varieront dans les mêmes proportions. Et si, dans les classes inférieures, c'est généralement la cause matérielle qui prédomine, en revanche, à mesure que nous montons vers les classes supérieures par le raffinement de l'éducation et de l'instruction, c'est la cause morale que nous trouvons le plus souvent en jeu.

Mais un fait est indéniable : c'est toujours le tempérament de l'individu qui réglera la nature de ses rapports avec ses semblables.

Supposons un caractère pacifique. Il est facile de voir que ses actes et sa manière de réagir dans les diverses circonstances de la vie découleront entièrement de son tempérament.

Celui-là aura tendance à créer sur son chemin des amitiés, et armé des hautes vertus morales qui forment la base de sa personnalité — bonté, douceur, générosité, — il éprouvera l'impérieux besoin d'en répandre autour de lui les bienfaits. Et il se sentira pleinement heureux en rendant heureux les autres. La gratitude, immédiate ou lointaine, qu'il serait en droit d'attendre, le préoccupe médiocrement. Ce n'est pas pour elle qu'il agit, c'est pour sa satisfaction intime, et selon son inclination. Mais si, après s'être dépensé sans compter, il s'aperçoit qu'il a été indignement trahi par ceux en qui il avait placé son affection, il en éprouvera une véritable souffrance. Il ne tardera pas cependant à se ressaisir, car sa belle nature triomphera très rapidement de cette fâcheuse déception, en le remettant de nouveau sur la voie où le porte son penchant naturel, c'est-à-dire vers le bien.

Non seulement il ne cherchera pas à soulever des incidents, mais il s'éloignera sagement dès qu'il sentira dans l'atmosphère — qu'il veut cordiale — la moindre menace d'un désaccord quelconque. Les paroles pénibles le blessent comme une arme : son oreille se refuse à les entendre. Le fait seul que des êtres humains, créés à sa ressemblance, sont capables de s'abaisser à ce point, le diminue dans sa dignité d'homme. La laideur morale l'offusque...

Combien mieux partagé celui que la nature a pourvu d'un caractère indifférent, neutre, et qui s'affuble si volontiers du titre de « philosophe ! »

Il sait que les humains sont intéressés, ingrats, incapables de reconnaissance, bref qu'ils ne valent pas cher. Et cependant la vie en dehors d'eux est impossible ; et puisque la sagesse interdit de compter sur des amitiés véritables, les simples relations doivent suffire. Il s'agit avant tout de sauvegarder ses intérêts, de vaquer tranquillement à ses affaires et non de se donner inutilement. Chacun pour soi et Dieu pour tous !

Soucieux de son bien être, de sa santé, il éliminera d'avance les moindres causes qui pourraient compliquer ses digestions ou troubler son sommeil et écartera de son horizon, impitoyablement, ce qui ne lui paraîtra pas devoir servir ses visées personnelles.

Un tel personnage réagira mollement, avec apathie, contre les contacts qui auraient provoqué un mouvemeut de répulsion ou d'indignation chez un homme de cœur. Aucun choc ne saurait l'arracher à sa quiétude passive, produire en lui la souffrance morale, si contraire à son égoïsme. Il sera aussi avare de son temps que de son argent et de son affection. Cette prudence n'est-elle pas une garantie certaine contre l'usure prématurée ? Il fuira donc les querelles, non par délicatesse, par crainte de se diminuer, mais par amour de sa tranquillité, le bien suprême en quoi se résument tous les autres, et il restera toujours étranger aux amitiés qui se créent par ce que l'on donne, et non par ce que l'on reçoit.

Nous arrivons enfin au troisième tempérament, le querelleur.

En voilà un dont la présence ne passe jamais inaperçue. Envieux, jaloux, vindicatif, rempli d'orgueil et de vanité, plein d'indulgence pour lui-même, il est envers les autres d'une intraitable sévérité. Constamment sous pression, il saisit chaque occasion pour déchaîner un conflit, — et quand elle ne se présente pas, il la forge. Un rien l'agace, lui porte ombrage, la parole la plus innocente recèle une allusion perfide, il y a une arrière-pensée dans ce silence. On ne le regarde pas, on le dévisage; on ne le touche pas, on le bouscule; — quand on le contredit, on l'insulte! Il est mécontent de la vie, il est mécontent de lui-même; il en veut aux humains dont il se croit victime.

Ah! celui-là n'est pas un égoïste. Il n'écoute pas l'instinct de la conservation qui invite chacun à se ménager, à fuir les causes de trouble.

Il s'agite, il se tourmente, il s'use. Et en semant autour de lui la colère et l'animosité, il empoisonne l'existence des autres comme la sienne.

Il n'évolue que parmi les inconnus, qui deviennent sa proie, car ceux qui le connaissent prennent soin de l'éviter. C'est dire que non seulement il n'aura pas la possibilité de développer des amitiés, mais qu'il ne leur donnera même pas le temps de se former.

En somme, autant d'individus autant de caractères qui se rapprochent plus ou moins de l'un de ces trois cas typiques.

Cette diversité de tempéraments se rencontre fréquemment au sein même de la famille. Que de fois, en effet, ne voyons-nous pas surgir des conflits entre des êtres unis par les liens de la plus étroite parenté ?

N'est-il pas étrange que deux époux, qui se

sont mariés dans l'espoir d'un grand bonheur commun, et qui devaient marcher constamment côte à côte en partageant les joies et les peines de la vie, finissent par se détester, se vouloir du mal?

N'est-il pas étrange que des enfants de la même famille, qui ont grandi ensemble dans la douce atmosphère du foyer, soumis à la même discipline, pétris des mêmes principes, se voient plus tard divisés par des questions d'intérêt au point de devenir des ennemis les uns pour les autres ?

N'est-il pas plus étrange encore que des parents qui, après avoir si vivement souhaité la naissance de leurs enfants, après avoir consenti tant de sacrifices pour les élever, les éduquer, les rendre dignes de perpétuer leur nom, en arrivent à exécrer ces êtres si tendrement façonnés par leurs mains et à les écarter complètement de leur route?

Eh bien, c'est des chocs entre ces caractères opposés que surgissent ces regrettables malentendus.

Les conséquences de ces luttes entre individus, apparentés ou non, varient à l'infini: Elles ne portent évidemment pas la moindre atteinte à l'ordre public. La société d'ailleurs les a prévues, et une solide armature de lois, fréquemment remaniée selon les besoins, a été créée afin de répondre à chacun de ces cas par une sanction appropriée.

La situation s'aggrave quand le conflit oppose deux groupements d'individus — ou deux classes — dont les interêts se trouvent en contradiction.

Le point de départ est généralement une question économique. Tantôt elle apparaît à

nu, sous sa forme brutale, tantôt plus ou
moins habilement voilée par des raisons
d'ordre politique ou sentimental. Il est facile
de constater que ces conflits, appelés à dégénérer en révolutions — en guerres civiles —
éclatent entre les deux classes extrêmes de la
société : les pauvres et les riches.

Bien qu'elles semblent, à première vue, opposées sous le rapport économique, elles n'en
constituent pas moins les deux pôles entre quoi
oscille toute la vie sociale, qui n'a de raison
d'être que grâce à leur double action, étroitement et régulièrement conjuguée. Point de société possible en dehors d'elles.

S'il est parfaitement compréhensible que la
classe pauvre — le prolétariat — cherche de
plus en plus des améliorations à son sort, parce
que cette ascension fatale vers le bien-être matériel et moral s'accomplit au nom de la loi
même de l'évolution, il serait à souhaiter

que la classe riche, — la bourgeoisie, — qui lui est si étroitement liée au point de vue économique, se montrât solidaire de ce mouvement, en l'aidant et en le favorisant.

Combien, en revanche, il serait chimérique, absurde, contraire au bon sens, de croire possible, et de désirer la fusion en une seule de ces deux classes, qui, sous leurs fonctions différentes, sont également utiles au fonctionnement des rouages sociaux.

Depuis que le monde existe, il y a toujours eu chez tous les peuples, sous tous les climats, une minorité de riches et une majorité de pauvres. Et c'est grâce à la disproportion numérique entre ces deux éléments que la vie écouomique a pu s'organiser, prospérer et durer.

Il suffit de prendre au hasard un momer\

quelconque de l'histoire pour constater la co-existence constante de ces deux classes, à peu près dans les mêmes proportions. Les modifications survenues au cours des âges affectent la vie propre de chacune en se traduisant par des améliorations matérielles, intellectuelles et morales chez la classe pauvre, et par des changements incessants et variés dans l'équilibre des fortunes, chez la classe riche.

Les besoins essentiels de la vie sont si nombreux et si étendus, les œuvres engendrées par le progrès constamment en marche sont d'une envergure si considérable que la main-d'œuvre de toute une nation est à peine suffisante pour s'acquitter à elle seule de cette lourde tâche.

Et c'est en offrant son travail à la minorité capitaliste, que la classe des travailleurs a pu vivre, évoluer progressivement vers le bien-être et améliorer ainsi sa situation.

Un pays qui s'aviserait d'arrêter, du jour au

lendemain, le travail, ou simplement de le restreindre, se condamnerait à une mort rapide.
Car rien ne peut s'obtenir en dehors de l'effort
par le travail. D'autre part, il n'est pas un
être au monde qui puisse tirer de sa propre
substance tous les éléments strictement
indispensables à la vie la plus rudimen-
taire.

Nous sommes donc tous, petits et grands, —
la classe pauvre comme la classe riche — tri-
butaires les uns des autres, et quand chacun
de nous met son travail à la disposition de la
communauté, il reçoit en retour une égale
part de travail.

En remplissant la besogne correspondant à
ses capacités et à ses goûts, chacun n'accomplit que son devoir strict non pas seulement
envers la communauté, mais surtout envers
lui-même. Si chacun comprenait vraiment en

quoi consiste son devoir social, il saisirait aisément que la part de travail fourni par lui à la communauté est tout simplement une façon de s'acquitter de la dette qu'il contracte vis-à-vis d'elle par le seul droit à la vie. Dès lors, toute atteinte portée volontairement ou involontairement à ce devoir sacré, se traduira automatiquement par une atteinte équivalente au droit correspondant.

Si on analyse les multiples causes des guerres civiles qui ont ensanglanté le monde, on constate invariablement que, les prétentions dans le sens du droit ayant été poussées à l'extrême, — sans compensation égale dans le sens du devoir — l'équilibre entre ces deux forces s'est trouvé rompu.

Or, il s'agirait de s'entendre une fois pour toutes, en plein accord avec la logique — c'est-à-dire le bon sens — sur la vraie voie qui mène infailliblement vers l'amélioration légitime, et

souhaitée par tous les esprits clairvoyants et
justes.

*
* *

Ceux qui prétendent voir dans la diminution
des heures de travail un moyen d'améliorer le
sort des travailleurs seraient parfaitement d'accord avec la raison si la diminution de plus
en plus accentuée de ces heures devait aboutir,
à coup sûr, à une amélioration progressivement ascendante. Le jour où la durée du travail tomberait à 0 heure, l'amélioration poursuivie devrait logiquement atteindre son plus
haut degré. Il est difficile de concevoir comment l'humanité serait en état de continuer sa
route si elle s'avisait de ramener brusquement
son effort à ce point de congélation.

L'effort étant la condition essentielle de la
vie, rien n'existe en dehors de lui. Prétendre

le réduire, l'arrêter en plein élan, sur un signe, c'est tarir volontairement les sources vitales, c'est rénoncer délibérément aux acquisitions de l'avenir, et perdre le fruit des gains réalisés dans le passé. Ne serait-ce pas un retour volontaire à la vie végétative des animaux qui tirent leur subsistance des éléments fournis par la nature dans le milieu qu'elle leur assigne.

A quoi bon alors toutes les conquêtes élaborées avec tant de peine par le progrès, et qui devaient au contraire arracher l'homme à cette existence primitive et le placer dans un cadre de plus en plus raffiné?

D'ailleurs, en admettant même qu'une limitation soit indispensable, n'est-il pas arbitraire de l'imposer uniformément à des milliers et des milliers de travailleurs sans tenir compte ni de l'âge, ni de l'état de santé, ni de la résistance physique de chacun? Or, c'est précisément cette résistance physique qui seule est qualifiée pour marquer le terme de l'effort.

Si chacun, n'écoutant que son instinct et sa conscience, mettait à remplir son devoir le même empressement qu'il met à revendiquer ses droits, la société poursuivrait son évolution normale dans les meilleures conditions, à la plus grande satisfaction de tous.

Mais les « meneurs » sont là. Poussés par des ambitions égoïstes, constamment à l'affût des avantages pour leur profit personnel, ils se soucient médiocrement des conséquences graves où leur propagande intéressée entraîne fatalement la classe ouvrière. Ils font luire devant les yeux de leurs victimes les droits démesurément grossis et maintiennent soigneusement dans l'ombre les devoirs qui les justifient.

*
* *

L'influence exercée par ces chefs de parti se

traduira d'une façon différente selon que leur tempérament les classera dans une des trois catégories typiques où se·ramènent invariablement les caractères des humains.

Supposez les chefs guidés par des sentiments pacifiques de justice et de loyauté, réellement pénétrés de l'importance de leur mission humanitaire, dénués de visées personnelles, et uniquement préoccupés du bonheur de leurs mandants. Ils chercheront à obtenir par la voie amiable toutes les améliorations qui leur paraîtront méritées.

D'autres, confiants dans la justice immanente dont il serait vain .de prétendre devancer l'heure, persuadés que les réformes nécessaires découlent naturellement de l'évolution elle-même et se réalisent en quelque sorte automatiquement, sous la pression des circonstances, comme le fruit mûr se détache de la branche, préfèrent se confiner dans l'attente, en s'efforçant de calmer les ardeurs trop vives. Ces neutres, ces « opportunistes » situés à égale distance des points extrêmes, sont l'axe autour de qui gravite la vie sociale.

Enfin les derniers, les batailleurs, enflammés d'un zèle volontairement enflé dans l'unique objet de servir leurs desseins en augmentant leurs moyens d'action sur les foules, écarteront systématiquement toutes les solutions raisonnables propres à concilier les intérêts, solidaires en somme, des deux classes momentanément en conflit, et s'ingénieront à persuader à leur crédule auditoire que seule la violence peut obtenir les réalisations souhaitées.

Et ils auront d'autant plus de chances d'être écoutés qu'ils débitent leurs lieux communs en un moment bien choisi, devant un public ignorant le fond des choses, habilement circonvenu, épris de satisfactions immédiates et naturellement enclin à prendre ses désirs pour des réalités.

Il est facile de comprendre que si l'ordre public n'a rien à craindre des chefs clairvoyants et avisés qui savent attendre, en la préparant, l'heure décisive, il est constamment menacé par les agités, impatients de précipiter l'échéance, trop lente au gré de leurs appétits. Et le jour où ceux-ci peuvent saisir enfin l'occasion tant espérée d'affirmer efficacement leur existence, c'est le bouleversement général avec effusion de sang à l'infini, c'est la révolution, la guerre civile.

De tels conflits sont évidemment prévus par la loi au même titre que les autres. Ce sont les moyens de répression qui diffèrent. Ils sont d'autant plus énergiques qu'ils auront à combattre une effervescence plus grande.

C'est ici que l'autorité des gouvernants se montrera au-dessus ou au-dessous de la tâche, selon qu'ils répondront ou non aux espérances que le peuple aurait placées en eux.

Comme les revendications des mécontents sont plus ou moins justifiées, la réponse venant des gouvernants devant fatalement se traduire par l'intervention de l'armée qui, chargée de défendre le pays, se recrute en somme dans le peuple, c'est le poids de cette armée qui fera fléchir dans un sens ou dans l'autre les plateaux de la balance.

Les chefs qui assument la lourde responsabilité de gouverner une nation, c'est-à-dire d'assurer son développement harmonieux dans la voie d'une prospérité sans cesse accrue, tiennent entre leurs mains, par le régime qu'ils incarnent, le frein de ce mécanisme éminemment complexe que représente une nation, petite ou grande.

Ce frein, qui doit se modifier sans cesse afin de s'adapter étroitement aux moindres exigences de l'organisme social, dont il est la raison d'être, est mis à l'épreuve par chaque perturbation provoquée dans cet organisme. C'est dire que si, par suite d'une erreur, d'une négligence, d'une omission ou de toute autre cause, on s'obstinait à le conserver au-delà de la période où il peut rendre service, on ne tarderait pas à s'apercevoir qu'il ne répond plus à sa mission et qu'il doit être impitoyablement rejeté pour céder la place à un autre. En effet, le régime, librement choisi par le pays doit être, par définition, rigoureusement en concordance avec la mentalité, le point d'évolution intellectuelle et morale, le degré de civilisation du pays dont il n'est, en somme, que l'émanation. Il doit donc en suivre, de très près et dans ses plus légères inflexions, l'incessante évolution.

Les gouvernements habiles, bien imprégnés des besoins et des sentiments fondamentaux en passe de trouver leur expression, s'arrangent de façon à les satisfaire au moment où ils vont commencer à prendre une forme redoutable pour eux. Ils semblent ainsi devancer l'opinion publique, alors que, en réalité, ils la suivent. Attentifs aux moindres indices annonciateurs d'un changement désiré — donc nécessaire, car l'instinct populaire ne se trompe pas — ils n'attendent jamais, pour changer la pièce reconnue mauvaise, l'accident qui en montrerait l'insuffisance.

Grâce à leur tact, à leur sagesse avisée, les améliorations justement réclamées s'accomplissent dans le calme, chacune à son heure, et sans qu'il soit utile de recourir aux moyens violents.

Nous pouvons donc constater que dans le conflit qui oppose deux classes, le sort des événements dépendra du choc entre les tempéraments des chefs représentant d'un côté la classe ouvrière, de l'autre le pays entier.

Que les gouvernants soient trop bornés pour deviner le sens réel de l'évolution, trop enfermés dans leurs formules étroites pour rien voir au-delà, qu'ils s'imaginent à tort que le pays doit les suivre aveuglément dans la voie où ils s'obstinent à le guider, au mépris de ses véritables aspirations, ils se cramponneront au pouvoir sans se rendre compte des modifications profondes qui ont altéré peu à peu la mentalité des citoyens, dont ils ont cessé de comprendre la voix.

Qu'arrivera-t-il alors? Le peuple a suivi, cependant, sa marche ininterrompue vers le progrès. Il s'aperçoit que certains rouages, qui jadis avaient leur raison d'être, deviennent de plus en plus une gêne, une entrave, une cause d'arrêt. Il sent la nécessité de les supprimer pour les remplacer par d'autres, mieux appropriés aux exigences actuelles. Et comme le gouvernement, qui a perdu contact avec lui, s'entête à lui refuser les moyens de se développer normalement, alors le conflit éclatera fatalement, et le peuple se révoltera contre ses oppresseurs qui prétendent paralyser son expansion naturelle en lui opposant des méthodes d'un autre âge.

Et nous verrons alors, dans l'intérieur du même pays, se dresser les uns contre les autres, pour s'entretuer, des êtres nés sur le même sol, liés par les mêmes intérêts, et qui ne devaient poursuivre qu'un idéal : travailler côte-à-côte, fraternellement unis en vue d'exploiter le patrimoine commun d'où ils tirent leur subsistance.

Pourquoi cette lutte fratricide ?

Parce que, ou bien les revendications de la

classe des travailleurs ont atteint un tel degré
qu'il était impossible de leur donner satisfaction sans se vouer à la ruine, — ou bien
parce que ces revendications, pleinement justifiées par les réalités, se sont heurtées à la
mauvaise volonté, à l'aveuglement des gouvernants, obstinés à n'en pas comprendre la légitimité.

Nous voici maintenant arrivés au conflit qui
constitue le sujet de ce livre : celui qui naît
entre deux nations et qui a pour conséquence
« la guerre ».

A mesure que, nous éloignant du simple
conflit entre individus, nous nous rapprochons
du conflit entre nations, nous constatons que
la cause originelle, qui semblait résider dans
une question d'intérêt — c'est-à-dire une question purement économique — perd de plus en

14

plus son caractère initial et finit par se brouiller au point de s'évanouir complètement et d'échapper ainsi à la compréhension des belligérants.

La guerre étant, par définition, une lutte entre pays, il serait logique que chacun d'eux en connût au moins la raison déterminante. Tout acte a un commencement, précédé lui-même par une période d'incubation plus ou moins longue.

Or, si nous examinons dans quelles conditions, en général, le pays prend connaissance de la déclaration de guerre, et si nous étudions en particulier, celle-ci, la plus terrible, et dont nous sommes contemporains, nous voyons qu'il est mis au courant de la catastrophe du jour au lendemain, brutalement, et par la notification même de la situation nouvelle qui lui est imposée. Il est avisé uniquement parce que son intervention est devenue urgente et indispensable, et c'est ainsi qu'il voit sa vie normale complètement bouleversée. Les citoyens sont arrachés à leurs occupations, les uns reçoivent l'ordre de se rendre, « immédiatement et sans délai » sur le front menacé, les autres devront à leur tour se plier aux dures nécessités de l'heure.

La seule chose dont on se rend nettement compte, c'est qu'un événement grave vient de se produire, que la guerre est déclarée. Quant à la cause exacte, avec les mille détails qui l'accompagnent, personne, en dehors des gouvernants responsables, n'en sait rien.

Et au même instant, pour incorporer étroitement à l'esprit de la nation le devoir qu'elle assume à partir de ce moment solennel, va se dresser devant les moindres de ses actes et de ses pensées l'implacable rigueur de la loi, la « loi martiale. »

Pendant toute la durée des hostilités, ces

deux forces resteront intimement conjuguées : d'un côté, le devoir de la nation entière : — défendre le pays — et de l'autre la loi, dont la puissance invisible et mystérieuse se chargera de prévenir toute défaillance.

Faut-il que cette force soit grande pour que, placée entre les mains de quelques élus, elle suffise à tenir en échec des millions d'hommes? Faut-il qu'elle soit grande pour qu'elle puisse se tourner contre ceux-là même qui lui ont donné le jour? Et avec quelle légèreté, souvent quelle inconscience, les gouvernants n'usent-ils point de ce pouvoir illimité !

Quel abîme entre les deux états d'âme : celui de la paix, où le peuple plein de confiance remet entre les mains de ses mandataires l'organisme des lois, auxquelles chacun se conforme presque automatiquement — et celui de la guerre, où il se trouve brusquement en face de ce même organisme qui, devenu subitement redoutable, le courbe, prêt à l'écraser !

Dès le début du conflit, le pays est instantanément transformé en une arme dont les chefs disposent à leur guise, hors de tout contrôle. Dans des circonstances aussi critiques, ils ne doivent compte à personne de leurs actes, et l'heure est trop grave, elle exige des décisions trop urgentes pour qu'on ait le temps de discuter. Et qu'on ne s'avise pas de chercher à reprendre un peu de son indépendance, de vouloir affirmer sa personnalité, dont on était, à bon droit, si fier. On se placerait immédiatement dans la triste alternative d'avoir à choisir entre ses chefs, dont on doit demeurer l'esclave, et les ennemis dont on risque de devenir la proie.

Cependant, tout en obéissant avec résignation, sans plaintes, sans commentaires, aux rudes nécessités, tout en accomplissant l'impérieux devoir, on ne peut s'empêcher de rechercher la vraie origine du désastre et les auteurs responsables qui n'ont pas su le conjurer, et qui peut-être même l'ont provoqué. Car il n'est point d'effets sans cause, point d'actes sans l'intervention de la volonté.

Mais hélas, ces recherches restent vaines. On apprend bien, par des rumeurs vagues, que les corps diplomatiques ne se sont pas entendus, que des susceptibilités ont été maladroitement froissées, que des paroles imprudentes ont été prononcées à la légère. En approfondissant, on apprend que tel prince dévoré d'ambition, poussé par un orgueil exaspéré, voulait voir son règne illustré par des conquêtes, annexer une province, depuis longtemps convoitée, laisser à la postérité le nom d'un grand capitaine...

Ces données sont bien précaires. Comment

pénétrer l'angoissante énigme, comment échafauder un raisonnement avec des matériaux si fragiles, si hétéroclites !

Une seule vérité se dégage, à savoir : aucune guerre n'a jamais été l'expression de la volonté d'un peuple. Absorbé par les occupations quotidiennes, déjà si nombreuses et si complexes, pris dans le tourbillon de la vie normale, il se soucie médiocrement des malentendus qui peuvent surgir à chaque instant entre les diplomates, dont le rôle, mystérieux en soi, est si éloigné de sa compréhension. N'a-t-il pas d'ailleurs confié à ses chefs le soin de veiller sur lui ? À eux seuls incombe la responsabilité entière.

C'est ainsi que les rapports entre pays se trouveront à la merci des caractères de leurs représentants qui, par la réaction déterminée les uns sur les autres, feront naître telle ou telle situation.

Et de nouveau apparaîtront les trois catégories typiques à quoi se ramènent les tempéraments des humains.

Les chefs vraiment épris de la paix, pleinement conscients de la haute mission dont les a investis la volonté populaire et exclusivement préoccupés de la prospérité nationale, écarteront systématiquement de leur horizon tout ce qui est petit et mesquin, tout ce qui pourrait provoquer le moindre trouble dans les esprits, qu'ils voudraient limpides et clairs. Ils s'efforceront de transmettre aux diplomates, soigneusement choisis à leur image, les sentiments de justice et de loyauté qui les animent et leur sont si chers. Ils ne cesseront d'insister, dans leurs conseils, sur la nécessité d'éviter les incidents, d'aplanir les difficultés, de dénouer les complications. Par l'empressement qu'ils mettront à offrir leurs bons offices aux voisins proches ou éloignés, ils se créeront parmi eux des sympathies réelles, et ainsi ces dignes serviteurs de la nation répondront largement à sa confiance, en lui apportant comme garantie des amitiés sincères et profondes, gages certains de la paix.

Les gouvernants du second type semblent animés des mêmes désirs pacifiques. Convaincus que le calme est indispensable au jeu normal des affaires, ils savent que l'attitude la plus habile est l'entente amicale avec les voisins. Mais, préoccupés de leur situation personnelle, tout en mettant sans compter leur activité au service de la patrie, ils se défient du « sentiment » que leur égoïsme enraciné écarte impiloyablement comme un élément dangereux. Il s'agit d'abord de se maintenir au pouvoir, dont la possession devient indispensable à ceux qui en ont goûté la suprême griserie.

Ceux-là, les « opportunistes », si utiles à la cause de la paix, se prêtent de bonne grâce à toutes les concessions jugées nécessaires pour le maintien de l'équilibre universel. Mais leur influence ne rayonne pas au dehors, elle reste purement locale, et s'ils offrent au pays l'avantage d'écarter de lui tout conflit, au prix de certains sacrifices d'ordre matériel et moral, ils lui apportent en revanche bien peu de ces amitiés solides et durables, qui sont la seule base de la paix.

Et si les chefs de ce genre se maintiennent pendant plusieurs générations au pouvoir et finissent par constituer une sorte de caste, ils transmettront à leur patrie — dont ils sont, en somme, l'émanation — les traits esséntiels de

leur caractère qui lui resteront indissoluble-
ment attachés dans l'esprit du monde, si enclin
à généraliser.

Un peuple n'a-t-il pas, comme on dit, le gouvernement qu'il mérite ?

***

Nous arrivons enfin aux indésirables qui
constituent le troisième type et dont l'existence
est un danger permanent pour la paix universelle.

Dévorés par un orgueil effréné, dépourvus
des scrupules qui sont l'honneur de l'humanité, fermement persuadés que la force prime
le droit, ils ne s'arrêteront devant aucun moyen
pour satisfaire leurs insatiables appétits de
domination. Ils s'efforceront de développer à
outrance, d'exaspérer chez leurs propres sujets
les sentiments d'un patriotisme étroit, ombra-

geux, agressif, constamment tenu sous pression, prêt à se manifester avec éclat. Ils s'ingénieront à leur persuader que leur pays est le plus ancien, le plus grand, le plus civilisé, que la richesse de sa langue, l'abondance de sa littérature, la profondeur de sa philosophie, l'intensité de sa culture doivent lui conférer, d'autorité, la maîtrise dans tous les domaines. L'excellence de ses méthodes, la rigueur de sa discipline, l'austérité de ses mœurs, et pour tout dire, la puissance de son génie légitiment cette juste ambition.

N'est-il pas d'ailleurs le peuple élu par la Providence pour montrer sa route à l'humanité qui s'égare, qui trébuche à tâtons dans l'ombre? N'est-il pas investi d'une mission supérieure qui lui fut dévolue en raison même de ses aptitudes exceptionnelles?

Comment résister à la séduction de formules si flatteuses pour l'amour-propre national?

Quand on possède des avantages si précieux, n'a-t-on pas le droit, le devoir de les affirmer, sous peine de faillir à sa mission providentielle ?

On ne tardera pas à orienter son hostilité de plus en plus surexcitée vers la nation désignée d'avance dans la pensée secrète des dirigeants, comme la première des victimes. Dès lors, tous les sentiments d'animosité, de haine, développés jusqu'à présent à froid, dans le vide, vont se cristalliser, prendre une consistance ; les regards se tourneront vers cet « ennemi redoutable » qui constitue le seul obstacle à la réalisation de leurs vœux, et qui en barrant le chemin à leur expansion légitime, les condamne sans appel à l'étouffement, au piétinement. Le supprimer, l'anéantir, c'est une question de vie ou de mort !

Et le jour où les citoyens, complètement imprégnés, saturés jusqu'aux moelles de cette atmosphère fiévreuse entretenue autour d'eux, seront prêts à se lever en masse selon l'ordre venu d'en-haut, il suffira aux chefs de mettre à profit la moindre occasion — de la provoquer au besoin — pour jeter sur la belle proie convoitée un peuple de fanatiques, dont la fureur se déchaînera fatalement avec d'autant plus de violence qu'elle aura été plus longtemps contenue.

Et l'irréparable s'accomplira.

Ces forbans ne seront nullement embarrassés pour faire accroire à ceux qu'ils ont entraînés dans le gouffre que la responsabilité de la catastrophe ne doit leur être imputée en aucune façon. L'ennemi fut le seul provocateur. Ils se sont bornés à se défendre contre l'agression que leur sagesse et leur modération bien connues n'ont pu, malheureusement, éviter.

C'est donc la volonté néfaste de ces chefs arrogants et cyniques qui maintient perpétuellement la guerre suspendue comme une menace, que les plus prévoyants calculs ne sont pas certains de pouvoir conjurer.

A quoi bon insister sur les conséquences du fléau? Elles sont innombrables, elles se répercutent dans tous les domaines, à l'infini. Leur simple énumération remplirait des pages ; et elle serait incomplète.

Il suffit d'évoquer les pertes formidables qui se chiffrent, des deux côtés, par la mort de millions d'hommes — les plus jeunes, les plus forts, les plus précieux, en qui résidaient les belles promesses de l'avenir, — et des immenses territoires dévastés, bouleversés, saccagés de fond en comble, des villes jadis prospères, bourdonnantes d'activité, transformées en monceaux de ruines, que des années de patient labeur ne relèveront pas ; et l'existence misérable à quoi sont condamnés les mutilés, les infirmes, les aveugles, pauvres êtres qui n'ont échappé à la mort que pour achever leurs tristes jours dans l'inaction forcée, dans les ténèbres ; et les milliers d'enfants perdus faute de nourriture, de soins ; et les souffrances morales des mères, des veuves, des vieux parents, obstinés à pleurer celui qui est parti, et qui n'est pas revenu ; et les souffrances matérielles infligées par l'affreuse catastrophe à ceux qui ont perdu leur seul et unique soutien et qui, à sa place, ne trouveront plus que la misère.

Enfin, pour conclure le lugubre bilan, toutes les perturbations économiques dans le présent et dans l'avenir, qui vont fatalement compromettre la santé et la vie de plusieurs générations sur tous les points de l'univers.

CHAPITRE VIII

CIVILISATION ET SOCIÉTÉ DES NATIONS

Avant d'aborder la question de la Société des Nations, qui consacre le plus pur idéal de confraternelle entente entre tous les peuples et qui, partant, est l'expression du plus haut degré de civilisation, il convient de nous mettre d'accord sur le sens exact de ce mot.

Qu'est-ce donc que la civilisation ?

S'il fallait nous en tenir strictement à l'étymologie — où nous trouvons *civil*, habitant de la cité — nous serions entraînés dans une voie aboutissant à des conclusions absurdes : à savoir que seuls les citadins sont des civilisés, à l'exclusion des gens de la campagne, et que tous les pays sans exception doivent être regardés comme civilisés, puisque tous, même les plus humbles, possèdent des villes.

Cette interprétation primaire et naïve, qui eut sa raison d'être à l'époque où l'humanité commençait à s'organiser, a subi par suite de l'évolution des changements si profonds qu'elle peut être considérée, aujourd'hui, comme périmée.

*
* *

Il est fâcheux que les qualificatifs d'ordre philosophique ou moral se distribuent à tort et à travers, se faisant ainsi involontairement complices des méfaits qui, eux, se mettent avec empressement sous leur généreuse et sûre protection.

Or, les nations actuelles s'affublent avec

désinvolture d'un de ces qualificatifs à résonnance sonore — la civilisation — dont la signification exacte échappe à la plupart d'entre elles.

Quand un pays proclame fièrement qu'il appartient au clan des civilisés, c'est pour affirmer l'existence d'autres pays qui n'en font point partie, et dont il cherche, non sans ostentation, à se distinguer nettement.

Il serait fort en peine de fournir des précisions sur ce mot, qui demeure vague dans son esprit. Tout au plus, s'il était pressé de questions, consentirait-il à citer en exemple quelques peuplades perdues n'ayant jamais réalisé aucun progrès dans le domaine intellectuel ou moral, en se gardant bien de la moindre allusion blessante à l'égard de ses semblables qui, sans en savoir plus long sur ce chapitre, affichent les mêmes prétentions.

Il faut donc chercher au mot civilisation un

autre sens, — le vrai — celui qui paraît familier à tous et que chacun lui prête d'instinct,
un sens plus large, plus profond, plus humain.
Cela nous permettra de savoir si nous pouvons
nous arroger le droit de compter parmi les
civilisés, et si ce droit ne comporte pas, en
échange, un devoir, avec tout le cortège
des obligations qui, automatiquement, en découlent.

A chaque droit, en effet, correspond un
devoir. Ce sont là les deux forces extrêmes de
la vie des peuples comme des individus.

Elles obéissent à une loi d'équilibre rigoureux qui régit leurs plus légères oscillations ;
elles se complètent, elles se balancent, elles
s'harmonisent, et il est impossible d'augmenter
l'importance de l'une sans accroître instantanément la valeur de l'autre.

La civilisation d'un pays est la quintessence de la civilisation des unités qui le composent. Chacune de ces unités ayant subi, comme toutes choses en ce monde, une évolution au cours de sa brève existence, imprimera fatalement, par un choc en retour compréhensible, une modification, si infime soit-elle, à la civilisation de son pays.

Tout ce qui évolue a un commencement et une fin, naturellement séparés par une longueur de temps susceptible d'être mesurée. Il est donc en notre pouvoir de déterminer avec précision la durée qui sépare de son début la civilisation actuelle de chaque pays, afin de déduire l'âge qu'elle a présentement atteint.

Il est évident que tous ne se trouvent pas à la même distance de leur point de départ et que, sans doute, quelques-uns d'entre eux viennent à peine de naître. Cette distance confère à chacun un numéro d'ordre parmi ses semblables, et il sera jeune ou vieux en civilisation selon qu'il sera plus près ou plus loin de son entrée en scène.

Disons cependant que tous les pays n'étant pas nés le même jour, leur degré de civilisation envisagé à un certain moment, ne sera pas exclusivement en rapport avec leur âge, mais qu'il dépendra, dans une forte mesure, de l'héritage reçu par eux en venant au monde. Chaque pays, en effet, bénéficie à sa naissance de tout ce qui a été acquis par les autres pays déjà existants dans les diverses branches de l'activité humaine — sciences, arts, etc...; — et ce trésor constitue le premier fonds de sa richesse intellectuelle et morale.

Plus il apparaît tard sur terre, plus il se voit abondamment pourvu, dès le berceau, des conquêtes accumulées par le patient effort de ses aînés. Et selon que, au cours de son évolution, il saura, grâce à l'élan et à la direction imprimés par lui à ses dons d'intelligence, d'intuition, d'énergie, accroître cet héritage d'une façon régulière et progressive, il obtiendra, dans le même laps de temps, un résultat plus ou moins brillant.

Si donc nous cherchons à établir une comparaison rigoureuse entre les diverses nations à un moment donné de l'histoire, nous devrons tenir compte pour chacune de la part reçue en héritage et de la part personnellement acquise. Nous constaterons alors que l'âge de chacune se trouvera en proportion inverse de l'héritage reçu. Autrement dit, plus une nation sera vieille, plus son héritage sera insignifiant, et réciproquement, plus elle sera jeune, et plus son héritage sera important.

Puisque ces deux éléments composant la civilisation des nations sont en proportion inverse par rapport l'un à l'autre, le total réalisé par chacune devrait être nécessairement le même, si le point de départ était le même pour toutes et si l'évolution s'accomplissait partout selon un effort identique. L'une aura obtenu ce résultat grâce à un grand héritage et à une grande jeunesse ; l'autre, au contraire, grâce à un médiocre héritage et à une longue vie.

Or, les tempéraments diffèrent à l'infini, et chacun se développe d'après un mode qui lui est strictement personnel.

C'est pourquoi certaines peuplades dont l'origine remonte très loin, et qui ont atteint actuellement un âge fort respectable, ne sont pas sorties de la période d'enfance, uniquement parce que, se contentant de mener une vie végétative, elles n'ont jamais perfectionné leurs qualités innées. De là également cette variété entre les étapes successives parcourues au long des siècles par la civilisation des pays.

Supposons une échelle graduée qui porterait à l'une de ses extrémités le non-civilisé par excellence, confinant au sauvage ; et à l'autre le civilisé-type, expression achevée de l'idéal vers quoi l'humanité doit tendre sans relâche, nous comprendrons facilement que chaque pays, occupant forcément un point intermédiaire entre ces extrêmes, se rapprochera plus ou moins, par ses qualités intellectuelles et morales, de l'un ou de l'autre.

C'est donc l'ensemble des qualités d'ordre intellectuel et moral qui conférera la mesure de la civilisation, aussi bien des nations que des individus.

Sans aucun doute, la civilisation existe dans le domaine de la conquête intellectuelle, ce merveilleux domaine aux richesses inépuisables, et dont le génie humain, malgré ses efforts multipliés, n'approchera jamais les limites, constamment reculées devant sa curiosité inquiète. Tout, autour de nous, révèle sa puissance, et même perdu au sein des vastes solitudes, l'homme d'aujourd'hui n'a qu'à regarder le plus insignifiant, le plus familier des objets qu'il porte sur lui, qui sont en quelque sorte incorporés à sa personne, pour en reconnaitre le rayonnement.

La science, émanation de ce génie fécond, de plus en plus enhardi par le succès, est évidemment l'arme qui permet de pénétrer les mystères du monde, et d'en vaincre les forces hostiles. C'est grâce à elle que l'homme a pu se dégager lentement de l'instinct qui le dominait jadis, et conquérir son indépendance et sa tranquillité. Mais si ces précieuses facultés intellectuelles, destinées à faciliter l'essor des recherches scientifiques, — dirigées toujours dans le même sens, vers l'amélioration progressive des conditions de la vie, — sont exclusivement consacrées au développement du bien-être, seules les facultés d'ordre moral ont pour effet d'imposer une direction et un caractère aux actes personnels de l'homme, et de régler les rapports avec ses semblables.

A mesure que l'homme exerçait son pouvoir de jour en jour affermi contre les forces primaires successivement domptées, il prenait conscience de sa personnalité, de son rôle ici-bas, de sa haute mission dont il se sentait peu à peu devenir plus digne. Il avait nettement l'impression que, à côté des choses extérieures, matérielles, qui sont des réalités, et dont nous sommes avertis par les sens qui les vérifient, il existe un autre domaine intérieur, invisible, immatériel, une sorte de jardin secret que chacun de nous porte en soi, et qui se transforme, se recrée sans cesse pendant toute la durée de la vie, sous le contrôle permanent de la raison.

Au cours du développement de chaque être il arrive en effet un moment où la faculté de penser s'affirme. Alors que précédemment ses gestes et ses actes étaient dirigés par ses parents ou ses ayants-droit, il sent maintenant s'éveiller au fond de lui-même un besoin intense de recourir constamment à ce nouveau conseiller qu'il vient de découvrir en lui, et qui partout l'accompagne, et qui désormais ne le quittera plus : la pensée.

A partir de ce moment, chacun de ses besoins, de ses désirs, sera soumis à l'approbation de ce juge intime et discret. Les événements étrangers à sa vie intérieure commenceront à provoquer son attention ; la curiosité de son esprit le poussera sans cesse à rechercher le pourquoi et le comment de ce qui se passe autour de lui. Et peu à peu les diverses notions acquises et développées par une trituration constante, revêtiront une forme de plus en plus nette, jusqu'au jour où elles auront pris la rigidité de principes, dont l'ensemble formera ce que nous appelons la conscience.

C'est cette conscience qui imprimera à chacun de nous sa vraie personnalité, d'autant plus accentuée que le terrain sera plus riche en ressources intellectuelles.

Elle deviendra désormais la maîtresse absolue de chacun de nos actes qui, sous l'influence de ses conseils bons ou mauvais, seront louables ou blâmables, dignes ou indignes. Et c'est encore elle qui se chargera de régler avec nos semblables, les rapports qui ne sont, en réalité, que l'enchevêtrement à l'infini de tous les actes individuels.

C'est donc la conscience d'une nation, ensemble des consciences individuelles, qui, en inspirant d'une part sa conduite dans la vie intérieure, et d'autre part en établissant la nature de ses relations extérieures avec les autres nations, lui confère sa vraie personnalité.

Maintenant que nous nous sommes bien pénétrés de l'essence des deux facteurs fondamentaux, — la haute culture intellectuelle et la conscience — maintenant que nous avons bien compris le lien solide qui les unit étroitement et qui, par cette union intime forme la civilisation, il nous est facile de conclure : c'est la civilisation, grâce à l'amalgame de ces deux forces, qui est seule qualifiée pour désigner à chaque nation son rang exact dans le monde. Et c'est ce rang, à son tour, qui consacrera pour chacune d'elles la mesure précise de ses droits et de ses devoirs.

Et de même que chaque individu a l'ambition

de s'élever sans cesse pour approcher le plus possible de l'idéal; de même chaque nation tend, dans sa marche infinie, vers le même idéal.

La Société des Nations étant, comme nous l'avons dit, l'expression la plus pure de l'idéal, comment douter du concours unanime et empressé de tous les pays qui comptent parmi les civilisés et qui entendent garder jalousement ce beau titre dont ils sont si justement fiers? Ne représente-t-il pas le fruit du labeur accumulé par tant de siècles? N'est-il pas la part la plus précieuse de l'héritage des aïeux?

Il n'est pas dans nos intentions de retracer ici l'historique des généreuses et vaines tentatives accomplies au cours du siècle, un peu partout, en faveur de cet idéal qui doit se réaliser par la Société des Nations.

Au lendemain de chaque conflit sanglant, sous le coup de la perturbation causée, l'idée s'imposait périodiquement aux esprits de chercher un moyen capable d'écarter définitivement le fléau, moyen qui ne pouvait être élaboré que grâce à la collaboration étroite de tous les pays.

Si cette dernière guerre ne différait en rien des précédentes — ni en durée, ni en horreur, — d'avance nous pourrions prédire, sans risquer de nous tromper, un nouvel échec à ce projet, uniquement destiné, semble-t-il, à suivre invariablement tout conflit, comme un réflexe.

Jadis, en effet, quand une guerre éclatait, souvent sous un prétexte futile, entre deux peuples, les autres, même les plus proches voisins, pouvaient à la rigueur se désintéresser de l'affaire, dont les répercussions ne les atteignaient pas dans leurs forces vives et quelquefois servaient avantageusement leurs intérêts.

Et ils suivaient attentivement les brèves péripéties de la lutte en tirant parti de ce qui pouvait être utile à leur politique personnelle. Si certains d'entre eux ne voyaient pas sans quelque satisfaction l'affaiblissement d'un voisin redoutable, d'autres en revanche se montraient heureux d'apporter — par l'argent et par la main-d'œuvre — l'appui nécessaire aux éprouvés. Quelques années suffisaient pour relever les ruines, tout rentrait rapidement dans l'ordre, et, comme on est naturellement enclin à oublier la souffrance et à ne garder le souvenir que des choses agréables et réconfortantes, le travail reprenait avec un entrain renouvelé. Et si d'aventure un conflit éclatait, plus tard, entre deux autres peuples, les anciens belligérants, devenus à leur tour spectateurs, trouvaient l'occasion de marquer leur gratitude envers ceux qui, jadis, les avaient matériellement et moralement secourus.

Aujourd'hui, l'atroce et longue guerre dont nous sortons à peine et qui a embrasé le monde, n'a pas seulement anéanti des millions d'existences, en privant l'avenir de ses plus beaux espoirs, et ravagé des provinces entières, en appauvrissant ainsi le pays, elle a également provoqué dans la vie économique une perturbation si profonde que l'équilibre en apparaît faussé pour un temps qu'on n'ose pas imaginer.

L'univers a été détourné de sa voie normale, arrêté net dans son élan. Déjà nous pouvons compter cinq années mornes et sanglantes passées au milieu des larmes, des deuils, des désespoirs, cinq années perdues pour la vie, cinq années de recul, de diminution, d'appauvrissement.

Tout a une fin, cependant. Si, dans quelques

coins, certains foyers flambent encore, la guerre semble terminée maintenant entre les grandes puissances. La paix a été solennellement signée....

Il paraîtrait naturel que ceux, parmi les favorisés qui ont payé leur dette à la défense de leur patrie, reprennent d'enthousiasme leurs travaux abandonnés et se jettent dans l'action avec une ardeur d'autant plus vive qu'elle fut pendant plus longtemps contenue. Cette heure bénie du retour, si avidement désirée, on va donc enfin pouvoir en réaliser les espérances! Pas une minute, désormais, ne devra être gaspillée d'une vie complètement vouée à la reconstitution du patrimoine commun, à la remise en état de l'organisme social dont le pays, après une telle épreuve, a un si pressant besoin. Quel champ immense, illimité, s'ouvre devant l'activité impatiente de s'affirmer! Suffira-t-on à la formidable tâche, si digne de séduire tant de jeunes intelligences!...

Hélas! Un simple regard jeté autour de nous permet de deviner, sur la figure des gens de tout âge et de toute condition, une angoisse infinie, indicible. On a l'impression que l'humanité a perdu son chemin, qu'elle tâtonne, qu'elle hésite, ne sachant de quel côté diriger ses pas. On dirait qu'elle n'a plus la notion, jadis si claire, des devoirs qui s'imposent et que le lendemain l'effraie, tant il s'annonce sombre, rempli d'embûches.

Comment s'étonner de ce triste état d'âme qui s'obstine à survivre au cataclysme?

Cette guerre, qui a précipité pêle-mêle les peuples les uns contre les autres dans un enchevêtrement sans nom, et qui, par ses répercussions, a remué les coins les plus éloignés de l'univers; cette guerre, si longue et si acharnée, peut-elle être considérée comme terminée alors que le sol tremble encore sous les pas des armées en route, alors que la voix des canons tonne un peu partout, alors que le sang continue à couler, alors que s'amoncellent en tas les cadavres de tant de pauvres gens offerts en holocauste au monstre insatiable qui réclame encore des victimes!

Avons-nous vraiment le droit de nous croire revenus à la période normale de la paix, pleinement satisfaits du résultat obtenu, et de vaquer en toute indépendance d'esprit à nos affaires et à nos plaisirs? Avons-nous le droit de nous abandonner à de vastes espoirs en décrétant avec une assurance solennelle le relèvement rapide du pays et de regarder avec confiance l'avenir en reléguant le passé au rang d'un mauvais rêve, — quand des cris de détresse parviennent de tous côtés à nos oreilles, quand des êtres humains, qui sont nos égaux devant la nature, et qui ont autant que nous le droit de vivre, meurent, par milliers, de faim, de froid, de misère, — souvent sans savoir pourquoi; — quand chaque minute augmente la foule éplorée des veuves et des orphelins!

N'est-il pas nécessaire, pour retrouver le calme indispensable à la vie, que la paix soit digne de son nom, c'est-à-dire absolue, partant générale entre tous les pays?

Et en supposant que tous les peuples encore en lutte aient définitivement déposé leurs armes, en supposant que cette paix si ardemment souhaitée, objet de tant de ferventes supplications, soit enfin réalisée dans le sens le plus large sur toute l'étendue de l'univers secoué par la tempête, — quelle serait la nation assez riche en épargne matérielle et morale pour être en mesure de secourir efficacement l'ensemble de tous ces peuples si cruellement atteints dans leurs forces vives?

*
* *

Maintenant que toutes les pensées de l'humanité tendent avec angoisse vers le même but : empêcher à tout prix le retour d'un pareil désastre, n'est-il pas utile de rechercher les causes qui ont déchaîné celui dont nous sortons à peine, afin de voir s'il ne serait pas possible de les supprimer ou de les rendre inoffensives ?

Mentionnons les deux causes principales qui s'offrent tout d'abord à l'esprit et le frappent par leur évidence : la multiplication à l'infini des relations internationales, et l'envergure formidable donnée par la science aux engins de destruction.

En temps de paix, ces relations, de tout repos, se poursuivaient, sous la protection officielle des lois en vigueur, simplement, sans à-coups, formant ainsi, par leur fonctionnement régulier, le rouage fondamental de la vie économique universelle. Seules les différences de langage montraient qu'on traitait avec des étrangers, et non avec des compatriotes. A part ce léger et insignifiant détail, on retrouvait de part et d'autre la même correction, la même loyauté, bref les mêmes qualités, et aussi les mêmes défauts. Et à mesure que les pays, grâce à un contact plus fréquent et plus cordial, apprenaient à mieux se connaître, les préjugés de nationalisme étroit s'émoussaient peu à peu, pour céder la place à des sentiments beaucoup plus larges et plus généreux, exempts de ce navrant parti-pris qui fausse à la base tous les jugements.

Le commerce entre pays a pris, en effet, une telle extension qu'il est presque impossible à aucun d'entre eux de se passer complètement du concours des autres.

Et comme ces relations, qui ne s'effectuent pas d'une façon purement automatique, mettent sans cesse en jeu des mentalités infiniment variées, elles engendrent fatalement des amitiés ou des animosités, source permanente de conflits.

Ces rapports étant appelés à se développer et à se généraliser de plus en plus, les malentendus dont ils contiennent le germe, ont d'autant plus de chances d'éclore.

Si la présence de ces causes économiques est évidente à l'origine de tous les conflits, comment méconnaître la place prépondérante occupée par elles à l'origine de cette guerre qui, en un clin d'œil, a embrasé l'univers entier?

Et c'est incontestablement les énormes progrès accomplis récemment par la science dans l'art de tuer qui l'ont rendue si meurtrière.

Mais alors, quelle lugubre perspective s'offre à nos regards! La science, les humains, quoi qu'ils fassent, ne l'arrêteront jamais dans sa marche, qui est la marche même de l'évolution, c'est-à-dire de la vie. Ce qui est acquis est acquis sans appel. Déjà la conquête d'aujourd'hui contient en germe la conquête de demain. Prétendre arrêter la science, ou simplement la retarder, autant vouloir faire remonter le fleuve vers sa source !

Dès l'instant que nous sommes impuissants à paralyser l'essor normal de cette science admirable qui, par une sorte d'aberration déconcertante, a donné tant d'ampleur au cataclysme, si nous devons nous incliner devant cette force, merveilleuse certes, mais qui a trahi la mission sacrée dont nous la pensions investie, et ainsi dépassé notre attente, du moins

il est une force dont nous sommes les maîtres :
notre volonté.

Il s'agit de lui désigner l'unique chemin
qui mène vers les réalisations du bien, en
adressant un appel fervent à l'intelligence et à
la conscience, les deux éléments fondamentaux de la civilisation.

L'intelligence nous indiquera le vrai moyen
d'éviter de pareilles catastrophes à l'avenir. Et la
conscience nous permettra d'instaurer des lois,
digne émanation de la justice, — une et vraie.

Le salut de l'humanité réside donc dans
l'union étroite et fraternelle des volontés de
tous les peuples dont elles dirigent les destinées. Vouloir, c'est pouvoir !

La Société des Nations, née de cette union,
semble dictée surtout par l'instinct de la con-

servation. Cette guerre fut terriblement meurtrière ; celles qui pourraient surgir le seraient
certainement d'avantage encore. La raison
humaine se refuse absolument à concevoir le
retour d'un pareil cataclysme, et seule une
entente parfaite entre tous les pays — les
petits figurant à côté des grands avec les
mêmes droits à l'existence et la même personnalité également respectée — entente dont la
Société des Nations sera la gardienne, l'inter-
prète et l'arbitre, pourra arrêter net dans son
germe toute tentative de conflit sanglant, et
permettre ainsi à l'humanité d'accomplir en
toute sécurité, dans la paix, sa haute mission
civilisatrice.

Il est donc essentiel que toutes les nations,
sans exception, finissent par pénétrer les unes
après les autres dans ce temple où doit s'élaborer l'idéal de demain, afin que nulle société rivale, malintentionnée, ne tente plus

tard d'affirmer son droit à l'existence à côté de celle qui, la première, a poussé le grand cri libérateur.

Et si nous ajoutons que les membres de cet aéropage suprême seraient soigneusement choisis parmi l'élite intellectuelle et morale qui, en apportant le concours désintéressé de ses belles qualités, offre la plus sûre garantie d'une collaboration étroite uniquement dirigée vers le bien ; nous comprendrons que la confiance de l'humanité doit lui être accordée, pleine et entière.

*\
*

Il ne nous appartient pas d'entrer ici dans les détails techniques d'une question qui, à l'ordre du jour depuis longtemps, est devenue d'une actualité brûlante. Son étude a été longuement approfondie par les personnalités éminentes qui lui ont consacré des années de labeur et dont la compétence et l'autorité, universellement reconnues, s'imposent à notre respect.

CONCLUSIONS

Plusieurs conclusions importantes se dégagent de cette étude.

Pour qu'un pays puisse vivre, se développer et être en mesure de se défendre, il faut qu'il se sente libre, c'est-à-dire indépendant.

On ne peut être indépendant que lorsqu'on est fort; on ne peut être fort, c'est-à-dire riche, que lorsqu'on travaille.

Et de même que la vie est un état continu, de même le travail doit être un état continu. Il faut en effet qu'un pays se consacre entièrement à l'exploitation de ses richesses naturelles, afin d'en extraire la quintessence. C'est dire qu'il ne devra pas se contenter de réaliser une production moyenne, juste suffisante pour assurer sa vie quotidienne, mais qu'il devra tendre par un effort soutenu, sans excéder la limite de ses forces, vers la surproduction.

Cette surproduction lui permettra non seulement de satisfaire ses besoins journaliers calculés sur des données constantes, mais encore de constituer des réserves pour le jour où une catastrophe imprévue le mettrait dans l'obligation de détourner une partie de la main-d'œuvre de son emploi normal pour la consacrer à un autre usage.

Un peuple qui, grâce à son intelligence, sa persévérance et son énergie, accomplirait dans cette voie le maximum, aurait pleinement rempli son devoir.

C'est cette connaissance intime et profonde

des moindres ressources du pays qui lui fournira la notion exacte de sa richesse, de sa force, de son indépendance, de sa liberté. Dès lors, parfaitement au courant des éléments de première nécessité qui manquent, il fera le nécessaire pour se les procurer au dehors au moment propice, et éviter d'en être dépourvu si par hasard les relations habituelles avec les voisins se trouvaient brusquement suspendues.

Bien pénétré de l'utilité d'un tel travail, accompli comme une fonction naturelle pleine d'attraits, il s'y adonnera dans une quiétude complète. Le présent se réalisant devant ses regards, régulièrement, sans trahir ses promesses, l'avenir perdra à ses yeux son caractère troublant qui pèse si lourdement sur les préoccupations des humains. Et si d'aventure une guerre venait l'arracher à ses paisibles travaux, les citoyens chargés de repousser l'agresseur s'acquitteraient de leur tâche avec d'autant plus d'assurance qu'ils sauraient ceux qui leur sont chers abondamment pourvus de tout, et ils redoubleraient d'ardeur à défendre le patrimoine commun, acquis au prix d'un travail sans trêve.

Cette conception est dictée par la sagesse, non par l'égoïsme. Ne vaut-il pas mieux penser soi-même à sa propre subsistance que d'obliger les autres à y penser pour soi?

Cela ne signifie nullement que les relations entre nations soient appelées à en souffrir. Elles n'en seront au contraire que plus cordiales, puisque la surproduction, effet direct de la suractivité, se traduit fatalement par l'exportation. Et si, grâce à la collaboration unanime, le pays parvient à intensifier l'exportation et à réduire l'importation, ou tout au moins à établir un équilibre entre les deux termes, il aura largement atteint le but, puisque, à côté des éléments indispensables à sa vie, il aura pu s'assurer la possession d'objets d'utilit secondaire — de luxe — qui pareront ses heures de loisir et seront la juste récompense de son travail.

Il faut donc intensifier la production.

Un peuple vraiment épris de liberté, et bien pénétré de ce principe fondamental, à savoir que la condition première est de se suffire à soi-même, ne sera pas en peine de comprendre que la réalisation de cet idéal dépend exclusivement de la densité de la population, où se recrute la main-d'œuvre. La natalité devra donc suivre une progression régulière, c'est-à-dire normale, afin de ne pas se laisser surprendre par la mortalité qui est constamment exposée à une recrudescence subite, due à des catastrophes multiples.

Comment en effet assumer la responsabilité vis-à-vis du pays et de sa propre conscience, comment gagner la tranquillité indispensable à l'évolution, si l'on n'est pas assuré de se survivre par des descendants qui reprendront, au point où on l'aura laissée, la besogne objet de si vives sollicitudes.

Mais s'il n'appartient qu'au bon vouloir des citoyens d'intensifier la production, à plus forte raison il ne dépend que d'eux d'intensifier la reproduction.

Quand on cherche à saisir les raisons qui régissent la densité de la population dans les divers pays, on aboutit bien vite à cette constatation : les pays les plus profondément atteints par la dépopulation sont invariablement ceux qui aiment le plus la vie facile, remplie de jouissances immédiates, purement égoïstes, et dont les préoccupations sont tournées vers l'accroissement du bien-être personnel.

Comme la seule idée de privation, de partage effraie les citoyens, ils mettent tout en jeu pour empêcher les enfants — ces intrus — de venir troubler la fête. On a l'impression que si rien de fâcheux ne venait malencontreusement les arracher à leur ivresse, ils s'apercevraient à peine qu'une parcelle du pays se meurt avec chacun d'eux. Les gouvernants eux-mêmes, — expression semble-t-il, de la mentalité générale, — ne voient le danger que lorsqu'il est trop tard pour y porter secours, et c'est à ce moment que, de leur côté, ils mettent tout en jeu pour contrarier les intentions des intéressés. Et il suffit de comparer les moyens dont disposent les deux partis, pour constater combien l'agitation des uns est vaine devant la force d'inertie des autres.

En effet quels résultats sérieux pourrait-on raisonnablement attendre des mesures palliatives qui consistent par exemple à essayer d'enrayer la mortalité infantile, de déjouer certaines pratiques contraires aux lois et aux sentiments humains, d'arrêter dans leur germe la transmission d'hérédités morbides?

En revanche, la force d'inertie étant basée non pas sur un caprice ou un entêtement mais sur une question essentiellement économique — qui se traduit pour les uns par des privations réelles, et pour les autres par des privations, non moins réelles, d'un superflu dont ils sont devenus esclaves — n'est-il pas permis d'entrevoir la solution heureuse de ce problème capital chez un peuple le jour où le travail devenu obligatoire pour toutes les classes sans distinction de sexes, la question économique se trouvera modifiée de fond en comble. Toutes les améliorations dans le sens de l'hygiène — habitation, alimentation, habillement, etc. — seront réalisées facilement et dans d'excellentes conditions grâce à la prospérité générale du pays, ce qui aura le double effet de modérer l'amour exagéré du luxe, devenu désormais sans attrait, et surtout de supprimer radicalement les privations matérielles et l'inquiétude morale qui compromettent si cruellement le sort de la race.

Les enfants considérés jadis comme une charge, deviendront le gage sûr d'un avenir solide et prospère. La main-d'œuvre, qui ne fera jamais défaut, se transmettra normalement d'une génération à l'autre, les jeunes relevant les parents bien avant l'âge de la retraite, qui est, pour beaucoup, hélas ! l'âge de la décrépitude.

Sachant d'avance que leur progéniture ne manquera de rien, qu'elle abordera, bien armée, la lutte par le travail, les parents ne redouteront plus les responsabilités qui paralysaient jadis les véritables aspirations de leur cœur. Ils laisseront agir selon ses lois la belle et sage nature qui, en augmentant le nombre des mères, restituera à la femme l'équilibre physique et moral qui est la garantie suprême de l'avenir.

Et cette collaboration efficace de tout un peuple travaillant dans le calme en vue du bonheur général dont chacun se sentira l'artisan, permettra aux gouvernants de remplir dignement et conscencieusement leur mandat, afin de cimenter solidement, jusqu'à le rendre invulnérable, toutes les pièces, constamment révisées, de l'édifice social.

Un pays aussi méthodiquement organisé ne serait pas embarrassé, si par malheur la guerre ne devait pas disparaître de ce monde, pour opposer à l'ennemi éventuel une force armée en rapport avec sa puissance; et la richesse de sa main-d'œuvre, due à la densité de sa population, le mettrait en état de relever aussitôt ses ruines matérielles et morales, et de reprendre avec une énergie nouvelle sa vie normale, momentanément suspendue par les hostilités.

Il faut donc intensifier sans cesse la natalité.

Pour que ces deux obligations sacrées — la production et la reproduction — puissent réellement répondre au but — c'est-à-dire conférer au pays la personnalité à quoi il est en droit d'aspirer — il est indispensable que l'instruction et l'éducation, étroitement unies, soient à la base de la formation des citoyens.

Comment en effet leur confier ces deux tâches, si pleines de responsabilité, sans leur avoir préalablement fourni les armes nécessaires à leur accomplissement? Ce n'est pas tout de travailler, encore faut-il que le travail soit organisé. Ce n'est pas tout d'avoir des enfants, encore faut-il qu'on soit sûr d'en faire des hommes.

L'instruction, qui appartient au domaine intellectuel, et qui pratiquement est destinée à ouvrir l'accès de professions variées, doit être mise à la portée de tous, sans distinction de sexe ou de classe.

L'éducation, qui appartient au domaine moral, et qui a pour objet de modeler la conscience en lui communiquant la claire notion de ses droits et de ses devoirs, doit être, comme l'instruction, mise à la portée de tous, sans distinction de sexe ou de classe.

Munis de ces deux éléments fondamentaux, les citoyens sauront, en toute connaissance de cause, choisir ceux d'entre eux qui leur offriront les meilleures garanties et qui incarneront ainsi l'expression même de leur volonté.

Les chefs seront ainsi portés au pouvoir non par des suffrages plus ou moins universels fondés sur la politique, c'est-à-dire sur l'intrigue, mais par un désir sincère de toutes les consciences du pays, empressées à remettre les destinées nationales entre des mains sûres.

Du coup les responsabilités se trouveront régulièrement réparties.

D'un côté les citoyens, assumant leur part dans les responsabilités, se garderont bien de la faire retomber en entier sur les gouvernants, judicieusement et soigneusement choisis, — et de l'autre, les gouvernants sachant que les conséquences de leurs actes, quelle que soit leur gravité, seront acceptées avec indulgence par leurs mandants — qui les ont investis de leur confiance — n'auront aucune raison de dissimuler la moindre parcelle de vérité dans la mesure où les intérêts nationaux ne sont pas en jeu.

Et en les tenant au courant des plus légères fluctuations des événements, ils seront en mesure, grâce à cet encouragement permanent, de prendre toutes les décisions urgentes dictées par la gravité des circonstances, et dont peut dépendre le sort du pays.

Une très haute moralité devra guider constamment les chefs dans tous leurs actes. Car la part de responsabilité qui leur incombe est toujours empreinte d'une telle importance que pas un instant de leur vie ne doit être soustrait au devoir sacré qu'ils ont à remplir. Aucune préoccupation de famille, aucun sentiment personnel d'orgueil, d'ambition, de vanité, de jalousie, de rancune, bref rien de mesquin ne doit les effleurer.

Distingués parmi des milliers, des millions de leurs semblables, ces chefs auront à cœur, pour justifier la confiance placée en eux, de mettre sans compter leur compétence et leur dévouement au service de la patrie. La diplomatie, souple et courtoise, bien pénétrée de sa noble mission, se chargera de maintenir des relations amicales et loyales, dépourvues d'arrière-pensées, avec toutes les autres nations, grandes ou petites, proches ou éloignées ; et les transactions d'ordre économique s'accompliront sous la protection des lois internationales, expression fidèle de la volonté des nations dans leur ensemble et permettront, le cas échéant, de réaliser à l'amiable, par la voie de l'échange, les acquisitions territoriales admises, parce que reconnues nécessaires.

Ayant établi l'ordre à l'intérieur sur des assises solides, grâce à une organisation méthodique et saine, et s'étant assuré le concours cordial des autres pays, les chefs pourront se montrer à bon droit fiers du devoir accompli.

Et si par malheur une guerre éclatait, sûrs d'une adhésion spontanée et enthousiaste de tous les citoyens, qu'ils représentent, ils retrouveront dans leur propre cœur le sang-froid, l'énergie, la foi, nécessaires pour mener à bien la défense, afin d'abréger le plus possible la durée des hostilités et ramener l'avènement de la paix.

Et comme une mentalité aussi élevée ne peut être obtenue, chez les uns et chez les autres, qu'au prix d'une sérieuse préparation intellectuelle et morale, l'instruction et l'éducation, étroitement conjuguées, doivent être développées sans relâche et portées au plus haut degré chez tous les peuples.

Il faut donc intensifier l'instruction et l'éducation.

L'atrocité de cette guerre si longue, qui permet de présager pour celles de l'avenir un caractère plus atroce encore, a fortement impressionné l'esprit humain. L'univers dans son

ensemble étant parvenu à un point de civilisation extrêmement élevé, un devoir impérieux
se dresse devant notre conscience : opposer à
ce cataclysme, œuvre de l'homme, une force
capable de la foudroyer, de l'anéantir dès sa
naissance, en bouleversant, jusqu'à le rendre
à jamais stérile, le sol maudit où il aurait tenté
de se former pour s'abattre sur le monde.

Le principe d'un *arbitrage international* qui,
depuis des siècles, a hanté la pensée de l'humanité, s'est imposé maintenant avec une netteté
absolue.

Sa réalisation est une question de vie ou de
mort.

Conçue cette fois dans un moment décisif de
l'histoire, alors que tous les cœurs meurtris se
sentent serrés d'une indicible angoisse, sous
l'ébranlement causé par cette catastrophe sans
précédent, l'idée généreuse et féconde, spontanément issue de la terre arrosée de sang,

pénétrera avec la puissance et la rapidité fulgurante de l'éclair dans l'âme de toutes les nations qui veulent avoir l'honneur de figurer parmi les civilisées.

Qui donc, désormais, oserait la taxer de chimère? Existe-t-il au monde des êtres assez imprudents, assez inconscients, assez esclaves de leurs préjugés pour s'obstiner à fermer les yeux devant cette grande et belle clarté qui doit rayonner sur l'univers!

Si le principe de l'arbitrage est resté jusqu'à présent sans effet, confiné dans le domaine de la pure spéculation intellectuelle, c'est parce qu'on n'a pas eu l'occasion, avant cette guerre, de le pénétrer à fond, de le dépouiller de l'appareil mystérieux qui enveloppe les choses ignorées.

Maintenant il se dresse devant nous dans toute sa simplicité. Ce qui était une utopie jadis apparaît à nos regards comme une réalité vivante, qui s'impose, une réalité non pas de demain, mais d'aujourd'hui.

De même qu'une nation, petite ou grande, se sent forte et en sécurité sous la protection du nom symbolique qui la consacre dans le monde, et dont elle est à bon droit si fière, de même l'univers, qui personnifie les nations dans leur totalité, se sentira fort et en pleine sécurité sous la protection de ce nouveau nom — Société des Nations — appelé à devenir le symbole le plus clair, le plus net, le plus pur de l'idéal qui réunira sous sa haute protection l'humanité entière.

Richement pourvu de tous les codes en vigueur dans les divers pays et qui par leur fusion constitueront la base de la jurisprudence internationale, ce tribunal suprême pourra prêter son appui loyal et désintéressé à toutes les nations qui auraient besoin de son arbitrage et résoudre presque automatiquement les questions les plus complexes et les plus épineuses qui se présenteraient devant sa conscience.

Comment mettre en doute l'impartialité, la justesse des décisions nées dans ce cénacle où l'élite du monde civilisé représentera sous sa forme la plus raffinée la conscience universelle ! Profondément attachés à leur patrie d'origine dont ils veulent le bonheur et la prospérité, les délégués auront l'esprit largement ouvert à toutes les idées généreuses et bonnes, et, à l'abri des passions humaines, qui faussent le jugement, ils ne prendront conseil que des principes de la plus parfaite équité.

Et comme ils auront à cœur de ne soumettre à l'appréciation de l'assemblée que des questions éminemment justes, dignes d'un examen approfondi, partant en droit de compter sur une solution conforme à la logique et à la conscience, des conflits innombrables se trouveront éliminés d'avance par le concours permanent de ces bonnes volontés conciliantes.

Et si d'aventure une des nations se rendait coupable d'une faute grave méritant une sanction, la Société s'efforcerait de ramener le conflit à sa forme la plus simple, et infligerait les divers châtiments dont elle disposera, afin d'imposer le respect de ses décisions.

L'armée, sorte de milice internationale, qui sera mise à sa disposition, en lui conférant la force matérielle et morale indispensable pour consacrer effectivement son autorité, lui permettra de réduire les récalcitrants qui prétendraient se placer au-dessus de la loi.

Cette organisation idéale entraînera tout

naturellement le désarmement général, qui offrira un double avantage : suppression de la tentation de transformer en conflits sanglants les moindres malentendus — d'où conservation de vies humaines ; et suppression des frais d'entretien d'une armée, qui grèvent si lourdement le budget, — d'où conservation du patrimoine commun.

Quelle délivrance pour les neutres, qui, incapables d'arrêter l'affreux carnage, se sont appliqués, avec tant de dévouement et de noblesse de cœur à en alléger les souffrances, de pouvoir assister au triomphe de la justice et de la bonté, incarnées par la Société des Nations dont les moyens d'action sauront épargner au monde le retour de pareilles catastrophes, et consacrer ainsi la neutralité par excellence !

Et c'est en confiant leurs destinées à la tutelle de ce Tribunal Suprême que les nations prouveront leur sincère amour de la paix tant souhaitée ; et c'est le jour où toutes, sans exception, viendront se ranger sous cette égide protectrice, que l'humanité se sera le plus approchée de l'idéal vainement poursuivi pendant des siècles : la suppression de la guerre, triomphe de la civilisation.

FIN

TABLE DES MATIÈRES

INTRODUCTION. VII

CHAPITRE PREMIER
ORIGINE ET FORMATION D'UN PAYS

L'homme dans la nature. — Son intelligence et sa volonté
lui permettent de s'en dégager lentement et de l'asservir.
— Luttes incessantes entre groupements. — Transforma-
tion des groupements en pays. — Agrandissements des
pays grâce aux conquêtes des guerres. 1

CHAPITRE DEUXIÈME
L'HOMME ET LA PATRIE

Aucun être sans patrie. — Pays civilisés et pays sauvages
— La civilisation repose sur deux principes : la vie.

humaine est sacrée, la propriété est sacrée. — L'humanité en marche vers le progrès. — Origine et développement du sentiment de la patrie. — Nul pays ne peut vivre sur sa propre substance. 17

CHAPITRE TROISIÈME

LA PUISSANCE D'UN PAYS

La puissance d'un pays, c'est sa richesse bien défendue. — L'exploitation et la défense de cette richesse incombent aux gouvernants. — Rapport entre la richesse et l'armée. — Un pays puissant, poussé par l'orgueil, peut devenir un danger pour la paix du monde. — Nécessité absolue de maintenir l'équilibre entre les pays. — Les petits pays ont le même droit à la vie que les grands, qui leur doivent protection. — La neutralité. 37

CHAPITRE QUATRIÈME

RAPPORTS ENTRE PAYS

Le progrès favorise les relations commerciales entre pays. — Influence de ces relations sur leur mentalité. — Le nationalisme; sa définition. — Attitude d'un pays à l'égard des étrangers. — Une nation isolée est appelée à disparaître. — La haine entre peuples. — La haine pendant la paix, la haine pendant la guerre 61

CHAPITRE CINQUIÈME

DIPLOMATIE. — ARMÉE

La diplomatie ; ce qu'elle doit être. — Le diplomate est le lien moral entre pays. — Son attitude pendant la paix, son attitude pendant la guerre. — Rapport entre la puissance militaire et la puissance économique. — Aucun pays ne peut prétendre à la domination universelle. — L'armée est un capital immobilisé. — Est-elle en mesure de garantir la sécurité absolue ?. 101

CHAPITRE SIXIÈME

UN PAYS A-T-IL LE DROIT DE S'AGRANDIR ?

Question de principe et question de fait. — La guerre est-elle la seule façon de réaliser des conquêtes territoriales ? — N'existe-t-il pas d'autres moyens ? Empêcher systématiquement un pays d'aspirer à s'agrandir, n'est-ce pas le condamner à l'étouffement ? — Comment résoudre ce problème vital sans effusion de sang ? — Les colonies. 139

CHAPITRE SEPTIÈME

LA GUERRE ET SES CONSÉQUENCES

La guerre ; sa définition. — Conflits entre individus, conflits entre classes, conflits entre peuples. — Force suprême des lois. — La guerre est-elle l'expression de la volonté des peuples ? — A qui incombe la responsabilité ? — Conséquences matérielles et morales de la guerre. . . 181

CHAPITRE HUITIÈME
CIVILISATION ET SOCIÉTÉS DES NATIONS

La civilisation : sa définition. — Civilisation héritée et civilisation acquise. — La science dans la paix, la science dans la guerre. — La conscience des individus forme la conscience des nations. — La Société des Nations est la plus belle conquête de la civilisation. — Elle est la clé de voûte de la paix. — En elle réside le salut de l'humanité 223

CONCLUSIONS 255

E. GREVIN — IMPRIMERIE DE LAGNY

www.ingramcontent.com/pod-product-compliance
Lightning Source LLC
LaVergne TN
LVHW051100060726
842525LV00003B/719